D0540606

Petites histoires
curieuses et insolites
de la vie quotidienne
à travers les siècles

Gavin's Clemente-Ruiz

Petites histoires curieuses et insolites
de la vie quotidienne
à travers les siècles

Albin Michel

Aux éditions Albin Michel

Dans la même collection
« Le magasin des curiosités » :

Petite encyclopédie hétéroclite et insolite du corps
Malo Richeux

Petite anthologie des mots rares et charmants
Daniel Lacotte

Sauter du coq à l'âne
Anthologie des expressions animalières
Georges-François Rey

À Aurélie.
Pour mes parents.

Avertissement

Malgré nos vérifications, nous avons découvert diverses origines aux mots et aux anecdotes de l'histoire, souvent transmises par voie orale. Nous avons pris soin de vous confier les plus communément admises ou les plus justes, pleinement conscient que le plus grand nombre n'a pas valeur de vérité. Certaines de ces origines divergent d'une région ou d'une époque à l'autre : tel est le miracle de la langue et de ses joyeux voyages. Qu'on soit ici excusé de ces mirages linguistiques.

Sommaire

Avant-propos

Quand a-t-on utilisé une fourchette pour la première fois ? Pourquoi dit-on « mettre le couvert » ? Comment la braguette est-elle arrivée sur nos pantalons ? Les filles et les garçons maraîchinent-ils encore aujourd'hui ? Avait-on des lacets à ses souliers sous les Mérovingiens ? Depuis quand jouons-nous à la pétanque ? Où mettre un bibi et un gibus ?

Piochons dans les jours et les nuits de nos ancêtres, pour s'imprégner de leur quotidien, sentir, goûter, imaginer leurs loisirs, leurs sons, participer à leurs fêtes, s'asseoir à leurs tables et se glisser sous leurs draps et dans leurs chausses.

Partons en France découvrir la vie quotidienne d'hier et d'aujourd'hui.

Grossesse, naissance, baptême

« S'il n'est pas permis de vivre très vieux,
qu'on nous laisse au moins naître plus tôt. »
Pierre Dac (1893-1975), *Arrière-pensées.*

Présages et sortilèges

❧ Dans l'Antiquité, entendre l'enfant dans le ventre de sa mère est un gage de mauvaise santé ; à l'opposé, à partir du Xe siècle, cela augure de la vigueur de l'enfant à venir.

❧ Selon les croyances médiévales, trop d'images néfastes expliqueraient les marques et autres taches sur le visage de l'enfant. Il est donc d'usage d'épargner toute vision atroce à une femme enceinte : elle engendrerait un monstre !

❧ Les sortilèges pour éviter d'être enceinte sont monnaie courante au Moyen Âge. Une femme allongée glisse sa main sous elle, s'assurant d'autant d'années de stérilité qu'elle a de doigts tendus.

❧ Avec les restes du placenta, on frotte le visage un peu blafard d'un enfant : il y puisera force et vigueur.

❧ C'est sûr : un enfant conçu en lune descendante sera une fille, en lune ascendante, un garçon !

❧ Le « marcou » d'une famille : tel est le nom donné aux 5e, 7e, 9e et 12e enfants d'une même famille. Leur pouvoir est extrême, voire magique, surtout si la série d'enfants est masculine. C'est aux marcous de la famille que reviendra la lourde tâche de soigner tous les proches et en particulier de guérir les écrouelles (apparition de glandes au cou), appelées aussi le « mal du Roy ».

❧ Autour du cou d'un nourrisson, un collier d'ambre est noué pour éviter les douleurs liées aux premières dents. Au XIXᵉ siècle, il se transforme en pendentif de verre. D'autres enfants portent une patte de taupe.

❧ On a coutume d'offrir des cadeaux à la naissance des enfants. Ainsi offre-t-on au XIXᵉ siècle du pain (pour sa bonté), un œuf (pour sa richesse), du sel (pour sa sagesse) et une allumette (pour sa rigueur).

Ombilical

❧ Une femme enceinte ne porte pas de collier pendant sa grossesse, de peur que l'enfant ne s'étouffe avec le cordon ombilical au cours de l'accouchement.

❧ Pour que l'enfant ait le teint radieux, enterrer le cordon ombilical sous un rosier dès sa naissance. Si la matrone ne l'a pas déjà vendu en guise de porte-bonheur ou d'amulette !

❧ Le cordon ombilical des garçons est coupé plus long que celui des filles : il présage de la taille future des organes génitaux.

Accouchements

Si, depuis l'Antiquité, les Égyptiennes et les Grecques accouchent accroupies et les Romaines allongées, les femmes du XIVe siècle accouchent assises ou debout. La césarienne n'est pas ou peu pratiquée, souvent en dernier recours. Pour faire naître l'enfant, la sage-femme n'y va pas de main morte. Tout ustensile crocheté y passe, sans souci ni de la mère ni de l'enfant. Encore moins de l'hygiène ! Le bébé né, il est inspecté par la sage-femme et, avec vigueur, astiqué à l'eau, au vin et à la paille. Plus tard, huile de rose, miel ou beurre feront aussi l'affaire. Puis vient le temps du « remodelage », si besoin, des parties du corps de l'enfant, entraînant souvent de lourdes séquelles physiques et mentales à l'âge adulte : on triture allégrement la tête un peu ronde, on allonge les tétons de la petite fille, on sectionne le filet de la langue, on examine tous les orifices... Les forceps ne sont inventés qu'au XVIIe siècle, par un Anglais, Peter Chamberlen.

À la Sainte-Agathe, le 5 février, fêtons les nourrices !

🍂 Les nounous, ou nourrices, existent depuis le Moyen Âge. Dans un premier temps, elles remplacent les femmes de la noblesse dans leur rôle maternel, puis occupent cette place dans toutes les couches sociales. Une bonne nounou a les seins durs, pleins de lait, et parle peu : tels sont les critères exigés. L'allaitement de l'enfant s'arrête avec l'arrivée des premières dents. Mais il se poursuit parfois jusqu'à 18 ou 24 mois.

 Pour le sevrage des enfants, les nounous au XIIIe siècle enduisent leurs tétons de suie, de moutarde, d'absinthe amère et même de cérumen. Sous l'Empire, on passe au poivre et autres épices aussi peu réconfortantes pour les bambins ! Pour garder leur lait, elles consomment persil à foison, mais aussi carottes et choux.

En avoir ou pas

 On conseillait aux femmes, depuis l'Antiquité, de se frotter l'entrecuisse à l'eau froide pour éviter toute grossesse après l'acte sexuel, méthode rarement efficace ! Ce geste donnera lieu à la création du bidet au XVIIe siècle, destiné à la toilette intime. D'autres préfèrent les lavements à l'eau vinaigrée ou les éponges imbibées.

 Au XVe siècle, des décoctions de fougère, de camomille et de gingembre entraînent l'avortement. Autre technique : pour éviter d'être enceinte, une femme doit badigeonner de ses menstruations un sureau, arbre symbole de fécondité. En retour, toujours de façon très symbolique, la femme attend que l'arbre porte ses fruits – l'enfant probable – et qu'elle, à son tour, porte les fleurs de l'arbre, à savoir ses menstruations.

🌑 Dans les campagnes du XIXᵉ, la croyance veut que la copulation en position debout n'engendre pas de grossesse.

> **Femme grosse a un pied dans la fosse.** » Proverbe de l'Ancien Régime.

🌑 **Relevailles.** La parturiente au Moyen Âge n'est pas acceptée en public, elle est impure, son enfant n'étant pas baptisé. Elle ne participe même pas au baptême de celui-ci et doit attendre ses relevailles en souvenir de la Sainte Vierge, qui se purifia au Temple. Deux mois après la naissance d'une fille, un mois si c'est un garçon, les familles organisent de grandes fêtes pour marquer le retour en grâce de la maman dans la communauté, notamment religieuse.

🌑 Selon Ambroise Paré, à la Renaissance, la semence de l'homme sur la paroi droite de l'utérus donne des fils, quand la paroi gauche, plus froide, est propice à l'arrivée d'une fille.

🌢 **Du biberon.** Des premiers pichets sans col à bec atrophié et panse large, utilisés et retrouvés dans les tombes gallo-romaines (davantage des tire-lait), en passant par les biberons Robert à tuyaux (d'où l'expression « Elle a des gros roberts » !) au XIXᵉ siècle, le biberon de nos nourrissons a connu une grande mutation. Le véritable ancêtre reste la corne de vache percée, appelée la « chevrette ». On y versait du lait maternel, du lait de chèvre (plus digeste), d'ânesse ou de brebis. Voire, après le sevrage, du vin coupé d'un peu d'eau ! En verre ou en étain, la tétine telle que nous la connaissons arrive au début du XXᵉ siècle.

Être parrain ou marraine, ça ne s'improvise pas !

🌢 Selon le droit canon, il faut avoir 16 ans, sauf exception ; être catholique et avoir reçu les trois « sacrements de l'initiation » (baptême, confirmation, eucharistie) ; « mener une vie cohérente avec la foi et la fonction qu'il ou elle va assumer » ; n'être « sous le coup d'aucune peine canonique » ; et n'être ni le père ni la mère de l'enfant. Mais un décret du 20 prairial an II (8 juin 1794) autorise les parents à organiser un baptême civil ou républicain, en compagnie de parrains et de marraines. Leur rôle sera alors de transmettre les valeurs républicaines.

❧ On ne choisit pas pour marraine une femme enceinte. Son filleul et son futur enfant ne survivraient pas.

❧ Au XVIe siècle, le nombre de parrains et marraines fut limité à deux hommes et une femme pour les garçons et à deux femmes et un homme pour les petites filles : trop de parrains et marraines empêchait tout recueillement dans l'église.

❧ Le prénom des enfants, sous l'Ancien Régime, s'il est emprunté au calendrier des saints, reprend surtout celui du parrain ou de la marraine. Après la Révolution, la liste des prénoms reprend la liste des grands défenseurs de la liberté : Périclès, Brutus, Marat et même Marie-Liberté ! Toujours plus fort : @, tel est le prénom donné par un couple chinois à leur enfant, en 2007, parce que ce caractère informatique universel signifie « aime-le » en Chine, traduction phonétique de *aïta*, proche du *at*, prononciation anglaise du @.

État civil

❀ François Ier ordonne à Villers-Cotterêts en 1539 l'institution des registres de baptême. Ce n'est qu'avec la création de l'état civil en 1793 que les données de naissance, de mariage et de décès seront conservées auprès des mairies.

❀ La naissance des enfants est moins le fruit des hasards à partir de la seconde moitié du XXe siècle ; elle est désormais juridiquement et scientifiquement contrôlée. En 1967, la contraception est légalisée ; huit ans plus tard, en 1975, la loi Veil autorise l'avortement. En 1978, le premier bébé éprouvette (fécondation in vitro ou FIV) voit le jour, en Angleterre. Il faut attendre 1982 en France. En 2001, la pilule du lendemain est en vente libre.

❀ **Bébé éprouvette.** En 1985, à Londres, naissent les premiers quadruplés par FIV (1987 en France), les premiers quintuplés en 1984 et, toujours plus fort, les premiers sextuplés en 1996 : trois filles, trois garçons. Le choix du roi puissance 3 !

❀ Jusqu'au XIXe siècle, dès sa naissance, l'enfant est immédiatement recouvert de la chemise du père, symbolisant le passage du corps de la mère à celui de son géniteur, l'expression de la protection et de la force en héritage. Puis l'enfant est emmailloté, souvent dans des langes rouges, et ce jusqu'à son sevrage, histoire de resserrer ses chairs et de chasser les mauvais esprits.

Éducation

❧ Les enfants au XVIIᵉ siècle apprennent à marcher dans de petites caisses de bois sans fond et à roulettes, appelées « promenettes ». L'ancêtre du youpala ! Plus grand, l'enfant aide aux tâches domestiques, avec son père ou sa mère, fréquente très peu les bancs de l'école pour apprendre quelques rudiments d'instruction. Lire et écrire ne sont alors pas des priorités pour le peuple. Les 4/5 des Français sont analphabètes à la fin du XVIIᵉ siècle.

Trotteuse. *Catalogue de la manufacture d'armes et de cycles de Saint-Étienne*, 1928.

❧ Si le père de famille frappe encore ses enfants à coups de verges ou à l'aide d'un martinet au XIVᵉ siècle, cette pratique disparaît au XIXᵉ siècle. Un appel a été lancé en 2007 par l'Observatoire de la violence éducative ordinaire pour interdire cet usage.

🌸 **L'abandon d'enfants** est un des fléaux du XVIIᵉ siècle. Avant la Révolution française, on compte 7 000 abandons rien qu'à Paris. Pour sauver les enfants, des tours d'abandon sont installés en façade des hospices. Les parents y laissent leurs bébés de façon anonyme dans un guichet tournant. Cette pratique est officialisée par le décret impérial du 19 janvier 1811. L'accouchement sous X n'est autorisé pour les femmes qu'à partir de 1941.

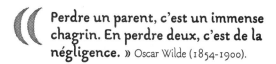 **Perdre un parent, c'est un immense chagrin. En perdre deux, c'est de la négligence.** » Oscar Wilde (1854-1900).

🌸 La première **fête des Mères** en France date de 1941. Cette fête existe depuis le VIᵉ siècle avant Jésus-Christ chez les Romains ! Elle est normalement célébrée le dernier dimanche de mai ou le premier dimanche de juin en cas de coïncidence avec la Pentecôte. Viendront ensuite la fête des Pères célébrée un mois plus tard (1952) grâce à Georges Duhamel et la fête des grands-mères (1988). Et les grands-pères alors ?

Gémélité

🌸 Avoir des jumeaux au Moyen Âge effraie : est-ce un enfant adultère, la femme aurait-elle fauté ? Est-ce la vision diabolique de l'autre enfant ? La plupart du temps, le second nourrisson était souvent tué, ou du moins était-il conseillé aux mamans de n'en nourrir qu'un des deux.

✤ Si une femme a traditionnellement 1 chance sur 240 d'avoir des jumeaux dans le monde, ce taux se réduit à 1 pour 10 à Umri, un petit village dans l'Uttar Pradesh, en Inde. Sans doute du fait des mariages consanguins (*Almanach Vermot 2006*).

Jeunesse, adolescence, sexualité

« Puisque d'Amour vous voulez parler,
Dites-moi ce que c'est que d'aimer ? »

🌢 **Jeux d'enfants.** Les enfants jouent à l'époque gallo-romaine avec des hochets, des coqs en terre cuite, des jeux de dés et font tourner leur cerceau, tandis que les petits du Moyen Âge s'amusent avec des billes et des poupées de cire, quand ce ne sont pas des armes en bois. Les chères têtes blondes du XIXᵉ siècle rêvent de leur poupée « bonne à marier » avec son trousseau complet ou d'un petit théâtre. Au classement des jeux préférés en 2007 : la poupée Bratz pour les filles, les jeux de construction estampillés Harry Potter pour les garçons, la peluche Diddl ou le jeu vidéo des Sims !

🌢 **Le maraîchinage ou l'ancêtre du *French kiss* !** Avant le concile de Trente (1563), les mœurs sexuelles paraissent plus libres avant le mariage, notamment dans les campagnes où les enjeux économiques liés aux alliances familiales étaient moindres entre paysans. Les hommes s'entraînent à embrasser les filles rencontrées au cabaret en glissant habilement leur langue entre les dents des demoiselles peu farouches et au répondant manifeste. En Angleterre, on assiste à des « jeux de mains » suffisamment explicites entre jeunes gens. On parle de très poétiques *nights of watching* (nuits de contemplation) au pays de Galles... Autant de rites de courtoisie franche et sincère.

🍒 On fait davantage l'amour dans le nord de la France que dans le sud : 127 rapports par an contre 111 (*Francoscopie*).

🍒 **Le baiser le plus long** de l'histoire est celui de Louisa Almodovar et Rich Langley, deux Américains enlacés pendant 30 h 59 min et 27 s, debout, sur un plateau de télévision à New York City... sans même faire une pause ! Les amateurs de cinéma préfèrent celui d'Ingrid Bergman et Cary Grant dans *Les Enchaînés* (1946) d'Hitchcock. Imaginez, 2 min 30 s, l'éternité ! Mais tout de même entrecoupé de dialogues : la censure interdisait alors les baisers de plus de 30 secondes...

B-A BA du baiser

🍒 Premier baiser : l'âge moyen du premier baiser est de 14 ans pour les Français (*Francoscopie*).
🍒 Baiser sur le bout de ses propres doigts, puis porté aux lèvres aimées : baiser plein de tendresse. Variante : baiser du bout des lèvres en l'air (très fréquent en Angleterre).

Baiser feint sur les articulations de la main, petite retenue, inclinaison du corps : baise-main, geste élégant et mondain.

Baiser effleuré sur le bout des doigts, soufflé à l'être aimé : baiser tendre et complice.

Baiser sur ses doigts, yeux dans les yeux : baiser chargé d'amour en silence.

Baiser sur le revers de la main, qu'on lève ensuite vers le ciel : baiser divin, très présent dans les pays arabes.

Baiser sonore : labiale et sifflante lancées en l'air (bruit d'un poisson à la surface de l'eau), baiser mignon.

Le Baiser de l'Hôtel de Ville de Robert Doisneau (1950). Baiser passionné. On y retrouve deux comédiens prenant la pose pour le photographe réalisant un reportage pour le magazine américain *Life*. La photo originale s'est vendue 184 960 euros en 2005.

Baiser sur la joue : la traditionnelle bise. L'homme embrasse la femme en priorité. Sur une seule joue en Angleterre. Interdit au Japon. Souvent double dans le reste du monde. Difficultés : les lunettes ou les chapeaux, penser à les ôter.

Baiser volé : baiser sauvage, parfois déplaisant. Quoique.

Le Baiser : œuvre de Rodin (1886).

Baiser sur les lèvres : baiser d'amour. Attention, en Russie, il signifie un simple salut, telle la bise occidentale. Variante : baiser avec la langue. Expression d'amour fou.

· Baiser sur l'index : baiser d'adieu.

❧ **L'âge moyen du premier rapport sexuel** en France est 17,8 ans pour les filles et 17,4 ans pour les garçons (*Francoscopie*).

❧ **Charivari.** Au Moyen Âge et à la Renaissance, les adolescents se retrouvent en bandes et manifestent ensemble. La plus célèbre de leurs expressions publiques reste le charivari, toujours d'actualité. Il ponctue les actes, faits et gestes du quotidien d'un village, notamment quand un homme ou une femme d'un autre village se marie avec l'un des leurs. Autant de rites d'initiation des jeunes gens qui s'affrontent pour devenir de valeureux époux au cours de jeux, de luttes et autres exploits virils.

❧ **Créantailles.** « Tien, Marguerite, affin que tu n'ayes pas paour que je t'abuse, je metz ma langue en ta bouche en nom de mariage. » Dans les campagnes, on se fréquente avant les noces. Les créantailles, mot venu de Champagne, signifiant « accorder au mariage » en attestent. Ces échanges de baisers et de menus cadeaux entre jeunes gens, ici une pièce de monnaie, là un ruban, ou encore une jolie cuillère en buis, prennent l'aspect de fiançailles profanes jusqu'au XVIIe siècle. Parfois, elles devancent la manifestation religieuse. Et souvent sont rompues... sur l'insistance des parents, rarement au courant de ce genre d'alliances païennes.

Daillements d'amour

(chansons d'amour populaires de l'Est français)

« Il faut autant de boules de neige pour
chauffer un four
Qu'il faut de graines d'amour pour
s'aimer un jour. »

« Puisque d'Amour vous voulez parler,
Dites-moi ce que c'est que d'aimer ? »

« V'leuz v' dayer ?
— De quoi ?
— D'amour
— L'amour vient et va,
Dites-nous quand elle viendra. [...] »

🌶 **La masturbation** pour les jeunes hommes au début du XIXᵉ siècle est fort mal vue. L'amateur encourt le port d'un corset interdisant tout plaisir solitaire ! S'embrasser avec fougue reste tout aussi malséant pour l'époque. Toucher vulve et clitoris passe alors pour plus chaste.

🌶 « Parlons présentement, mon enfant, de ces chatouillements excessifs que vous sentez souvent dans cette partie qui a frotté à la colonne de votre lit : ce sont des besoins de tempérament aussi naturels que ceux de la faim et de la soif. Il ne faut ni les rechercher ni les exciter, mais dès que vous vous en sentirez vivement pressée, il n'y a nul inconvénient à vous servir de votre main, de votre doigt, pour soulager cette partie par le frottement qui lui est alors nécessaire. Je vous défends cependant expressément d'introduire votre doigt dans l'intérieur de l'ouverture qui s'y trouve : il suffit, quant à présent, que vous sachiez que cela pourrait vous faire tort un jour dans l'esprit du mari que vous épouserez. [...] » Jean-Baptiste Boyer d'Argens, *Thérèse philosophe ou Mémoires pour servir à l'histoire du père Dirrag et de Mlle Éradice* (1748).

♦ Au XIXe siècle, femmes et hommes s'accouplent tout habillés : la nudité effraie, la pudeur rassure.

♦ En France, en 1874, il est interdit pour les jeunes gens de 12 à 16 ans de travailler plus de 12 heures par jour. À partir de 1882, tous les enfants doivent se rendre à l'école, celle-ci étant rendue obligatoire et gratuite grâce à Jules Ferry.

Fiançailles et mariage

« Dis-moi, pleine lune, en m'endormant
qui j'épouserai de mon vivant ! »

❧ **L'art de la patience.** Pour leur mariage, l'homme et la femme de Cro-Magnon revêtent leurs plus beaux vêtements en peaux et fourrures de bêtes, qu'ils ornent de perles cousues une à une. Au Moyen Âge, la ceinture de la robe de mariée symbolise l'intensité du lien des époux. Plus la ceinture est richement décorée, plus le mariage sera uni. La veuve déposait sa ceinture sur le cercueil de son époux, comme gage de son amour éternel. Elle ne pouvait plus dès lors se remarier.

❧ **Tout un symbole !** Avant les bans, qui durent quarante jours, la jeune fiancée du Moyen Âge glisse un anneau bénit à l'annulaire gauche, irrigué par la veine venue du cœur... une tradition datant de l'Antiquité, chez les Grecs, qui pensaient symboliquement cerner ainsi le cœur de l'amoureux. Quelques siècles plus tard, pour ses fiançailles, c'est la jeune fille de la bourgeoisie du XIXᵉ siècle qui reçoit une bague en signe d'alliance. En échange, elle offre souvent une mèche de ses cheveux. Aujourd'hui, si la jeune fille reçoit toujours en gage une bague, l'homme se voit offrir le plus souvent une montre ou une chevalière.

> « Baise m'encor, rebaise-moi et baise ;
> Donne m'en un de tes plus savoureux ;
> Donne m'en un de tes plus amoureux ;
> Je t'en rendrai quatre plus chauds que
> braise. » Louise Labé (1524-1566), *Sonnets*, XVII.

◆ Le but d'un mariage au Moyen Âge est de perpétuer la famille, certes, mais aussi d'augmenter le pécule de celle-ci. Au temps des Francs et des Carolingiens, la future mariée reçoit le *morgengabe*, le « don du matin », de sa belle-famille, en remerciement d'être arrivée vierge le jour de son mariage, et sa dot, en provenance de sa propre famille. Cet argent était utile à cette époque où les femmes pouvaient rapidement devenir veuves. Le *morgengabe* devient le douaire à partir de l'époque féodale. L'union et le mariage marquent les fondements du foyer.

> « Au moment de se marier,
> à mort il faut penser. » Proverbe alsacien.

Anniversaires de mariage

1 an : noces de coton

2 ans : noces de cuir

3 ans : noces de froment

4 ans : noces de cire

5 ans : noces de bois

6 ans : noces de chypre

7 ans : noces de laine

8 ans : noces de coquelicot

9 ans : noces de faïence

10 ans : noces d'étain

11 ans : noces de corail

12 ans : noces de soie

13 ans : noces de muguet

14 ans : noces de plomb

15 ans : noces de cristal

16 ans : noces de saphir

17 ans : noces de rose

18 ans : noces de turquoise

19 ans : noces de cretonne

20 ans : noces de porcelaine

21 ans : noces d'opale

22 ans : noces de bronze

23 ans : noces de béryl

24 ans : noces de satin

25 ans : noces d'argent

26 ans : noces de jade

27 ans : noces d'acajou

28 ans : noces de nickel

29 ans : noces de velours

30 ans : noces de perle

40 ans : noces d'émeraude

50 ans : noces d'or

60 ans : noces de diamant

70 ans : noces de platine

75 ans : noces d'albâtre

80 ans : noces de chêne

✦ Les fameuses catherinettes, jeunes femmes toujours célibataires à 25 ans, coiffent Sainte-Catherine le 25 novembre, en portant un chapeau. Catherine d'Alexandrie vécut au IVᵉ siècle et vit le Christ au cours d'un rêve. Puis décida de se fiancer à lui de façon mystique. Elle n'épousa donc aucun prétendant « mortel », au grand désespoir de ses parents. Martyrisée sur une roue à lames, elle parvint à briser ces dernières une à une grâce à son fiancé divin. Elle fut décapitée, de son corps ne coula point de sang mais du lait ! Sainte Catherine demeure la seule sainte à porter une triple auréole : celle des vierges (la blanche), celle des hommes de lettres et de science (la verte) et celle des martyrs (la rouge). D'où la tradition de la coiffe ! Cette tradition perdure dans le milieu de la couture. C'est aussi l'occasion de porter des chapeaux tous plus extravagants les uns que les autres ! Les jeunes hommes célibataires coiffent, eux, le bonnet de saint Nicolas.

> **Le mariage ? Une condamnation de drap commun.** » Alexandre Breffort (1901-1972).

Origines du mariage

❧ **Rapt.** Aux temps archaïques romains, le mot « mariage » exprime l'idée d'un rapt. On emmène sa femme à la maison pour la rendre mère. Une idée qui persiste encore de nos jours, en choisissant la région de la jeune femme pour célébrer la cérémonie, région qu'elle quittera symboliquement au bras de son nouvel époux.

❧ **Tuteur.** Se marier, à l'origine, c'est faire l'expérience du tutorat. Le verbe « marier » dérive du verbe latin *maritare*, ayant trait à la viticulture et à l'arboriculture. On se marie comme on doit attacher les arbres à un tuteur (*maritandae sunt arbores*).

❧ **Bœufs.** L'imaginaire paysan perdure à travers les mots « conjoint » et « conjointe » (*coniux/coniugis*), de *cum-iugum*, l'image de deux bœufs attachés au même joug pour tracter la même charrue – expression purement juridique. Se marier, progressivement, implique le consentement mutuel. La jeune nubile porte dès lors un voile *flammeum*, couleur flamme. Valeur de présage hautement favorable !

❧ **Dais.** Au XVe siècle et encore de nos jours, on se marie à l'église sous un dais de tissu tendu, tenu par les témoins des mariés, reproduisant dans l'église l'espace autrefois béni in situ de la chambre nuptiale par les prêtres. À rapprocher de la *huppa* juive, demeure où les époux sont invités à vivre.

> Il [...] advient [du mariage] ce qui
> se voit aux cages : les oiseaux qui
> en sont hors désespèrent d'y entrer ;
> et d'un pareil soin en sortir,
> ceux qui sont au-dedans. »
>
> Michel de Montaigne (1533-1592), *Essais*, III, 5.

🍀 Au XIXᵉ siècle, pour trouver l'âme sœur, les jeunes femmes doivent placer un miroir sous leur oreiller afin de voir l'homme de leur vie dans leurs songes. D'autres préfèrent jeter des épingles au fond d'une source d'eau consacrée à la Vierge : si les épingles viennent à s'entrecroiser, la rencontre du futur mari est proche.

🍀 Afin de savoir si son futur époux est le bon, la jeune fille peut recevoir ce dernier à domicile jusqu'au XXᵉ siècle. Si elle défroisse son tablier, elle ne le prendra pas pour époux. À l'inverse, si elle invite ce dernier à tenir la queue de la casserole, c'est plutôt bon signe pour le jeune homme !

« **Ne commencez jamais le mariage par un viol !** » Honoré de Balzac (1799-1850), *Physiologie du mariage.*

🍀 Au XIXᵉ siècle, la position sexuelle préférée des Français reste celle dite « du missionnaire ». La majeure partie du corps des deux amants s'épousant parfaitement, on pense favoriser par là même l'enfantement. Cette position fut longtemps conseillée aussi par l'Église, notamment à l'époque de l'évangélisation lors des grandes découvertes faites par les... missionnaires. Les Français pratiquent aussi la fellation, la sodomie, mais très peu le bondage (être attaché par des liens), pourtant fort apprécié des Japonais et des Africains !

🖐 48 % des Français préfèrent faire l'amour le soir, contre 13 % l'après-midi et 12 % le matin. Et 27 % à n'importe quel moment (*Francoscopie*) !

Les petits mystères de Maître Albert*

— Le jour du mariage à l'église, lorsque le prêtre a uni les époux, celui des deux qui fera le premier pas en avant aura la haute main dans le ménage.
— Lorsqu'une jeune fille veut savoir quand elle se mariera, elle tient au milieu d'un verre, un peu au-dessus du bord, un anneau bénit, à l'aide d'un de ses cheveux plié en deux et dont elle a les deux extrémités entre le pouce et l'index. Autant de fois la bague touchera le verre, autant d'années elle aura à attendre. Pour savoir combien d'enfants elle aura, elle peut ensuite faire la même expérience. Elle en aura autant que l'anneau heurtera de fois le verre.

* Mais qui est donc ce Maître Albert ? Originaire de Souabe, vers 1200, il se passionne pour Aristote et la philosophie arabe. Expert en chimie et en sciences de la nature, il passe souvent pour charlatan en ces temps occultes du Moyen Âge. Très vite, il enseigne partout en Europe et notamment à Paris, sur l'actuelle place Maubert, contraction de… Maître Albert. Il y dispense le résultat de ses recherches en plein air. Saint Thomas d'Aquin suivit son enseignement. Le pape Alexandre III sollicita son aide à Rome. Les textes qu'il transmit après sa mort, en 1280, ne sont que des transcriptions de ses paroles.

Origines des expressions populaires amoureuses

❧ **Avoir le béguin** : le béguin est une coiffe, pour une femme ou un enfant. Et ce béguin obstrue pas mal le champ de vision ! Le béguin rend aveugle, d'où, par extension, totalement dépendant d'autrui, de l'amoureux. On distingue le grand béguin du petit béguin, le grand amour de la petite histoire sans lendemain.

❧ **Écrire un poulet** : un poulet est un billet doux au XVIIe siècle, plié aux extrémités comme les deux ailes du volatile.

❧ **Conter fleurette** : l'expression de l'amour a souvent été associée à la nature, aux jardins et aux batifolages champêtres. « Fleurette » suggère un langage fleuri et badin. Plusieurs hypothèses sont avancées : celle de la jeune Fleurette, jeune fille de jardinier, gentiment lutinée puis abandonnée par Henri IV. Le goujat ! De désespoir elle se noya dans la Baïse. Sans oublier l'étymologie du mot « flirter », de « fleureter ». À moins que cela n'évoque les pièces de monnaie sous Charles VI, les florettes, ornées d'une fleur de lys ? Compter les florettes : retour brutal à la dure réalité économique, loin des sentiments légers de l'amour !

❧ **Voir la feuille à l'envers** : expression grivoise et imagée du XVIe siècle, invitant à de doux rapports bucoliques et pour le moins acrobatiques.

❧ **Abreuver le roussin** : aphorisme médiéval désignant l'acte sexuel. Le roussin était un cheval trapu, utilisé pour les guerres, qui se rassasiait à grands coups de seaux d'eau et de paille. De la paille à la couche, il n'y a qu'un pas !

❧ **Courir le guilledou** : est-ce se rendre dans quelque *Gildonia*, maison de plaisir allemande ? À moins qu'on ne retrouve là le mot « guille », le « stratagème », et l'idée d'une caresse volée subrepticement ? Ou encore le verbe « guiller » : « tromper » ou « introduire dans un petit orifice », selon le sens symbolique utilisé dans le Poitou ? Sans commentaire.

❧ **Faire des yeux de merlan frit** : ou faire des yeux de carpe frite ? L'expression trouve son origine au XIIIᵉ siècle, où le blanc des yeux de la carpe n'a d'égal que celui des amoureux transis (qu'on s'imagine les amoureux dans les films muets, yeux levés vers le ciel). Le glissement aquatique de la carpe au merlan semble difficile à expliquer.

> (((**Les époux se doivent mutuellement respect, fidélité, secours, assistance.** »
> *Code civil*, article 212 (loi du 17 mars 1803,
> promulguée le 27 mars 1803).

◆ **Ce joli mois de mai.** La tradition veut qu'on ne se marie pas en mai, le mois de la Vierge Marie. Cela n'apporterait que malheur et stérilité à la future mariée.

Chanson populaire

« Enfin, vous voilà donc,
Ma belle mariée,
Enfin, vous voilà donc
À votre époux liée
Avec un long fil d'or
Qui ne se rompt qu'à la mort. »
Paul Labbé (1855-1923), *Le Trousseau*.

Noces d'ailleurs

◆ **Henné (Inde du Sud)**
Les futurs mariés prennent soin d'eux, multiplient les ablutions d'huiles et d'eaux parfumées et se parent de henné rouge, jusqu'au bout de leurs doigts, signe d'une vie sexuelle épanouie. Ils s'échangent des colliers de fleurs de jasmin et s'assoient sur une balançoire décorée. La jeune femme en sari s'assoit sur les genoux de son père, qui place la main droite de sa fille dans celle de son nouveau gendre. Les tambours rugissent, les pleurs d'émotion sont couverts : le mariage sera heureux.

✦ Ocre (Niger)

L'art de la parure habite l'âme des futurs époux peuls bororo, peuple nomade du sud du pays. Le jeune homme, *sukaabe*, teinte son visage d'ocre jaune ou rouge, trace une ligne blanche, marque de pureté, du front au menton et souligne ses lèvres au charbon de bois pour laisser apparaître des dents d'une blancheur extrême. Sur sa poitrine, des amulettes. Dans ses cheveux, une plume d'autruche, des turbans, blancs majoritairement, et un turban bleu qui cache les talismans. Tout est prêt pour le *yake*, la danse rituelle du mariage, une danse où l'on rit, crie et écarquille les yeux pour séduire une *surbaabe* (jeune fille). Des dons d'argent et de lait sont ensuite faits entre les familles, gages de richesse et de prospérité.

✦ Billets (Grèce et Turquie)

On n'offre aucun cadeau aux mariés, si ce n'est des billets de banque accrochés aux vêtements du couple. Ils en sont parfois même totalement recouverts !

✦ Paroles, paroles (Madagascar)

Le futur époux malgache tourne sa langue sept fois dans sa bouche avant de parler : il sera digne d'être le mari de sa belle si et seulement s'il parvient à réaliser un discours parfait pour la charmer. S'il n'y parvient pas, il écope d'une amende et recommence !

✦ Coup de soleil (Irlande)

Si un rayon de soleil vient éblouir la mariée durant la cérémonie, c'est signe de bonheur !

43

✦ Poches pleines (Suède et Danemark)

Avant la célébration du mariage, les époux remplissent leurs poches d'herbes aux odeurs puissantes, gages d'amour éternel.

✦ Rapide (États-Unis)

Les mariages s'y déroulent parfois en moins d'une heure. Surtout à Las Vegas où un mariage est célébré toutes les 4 minutes environ ! Avec 55 dollars, obtenez votre *marriage license* au tribunal (de Las Vegas par exemple). Puis rendez-vous au bureau des mariages, avec deux témoins, peu importe lesquels, où l'officier d'état civil procède à l'union (encore 50 dollars !). Et le tour est joué. À vous le *certificate marriage* dix jours plus tard, à retirer au Clarck County Recorder ou à demander via Internet : www.co.clark.nv.us.

✦ Pour les catholiques,

le mariage s'inscrit dans la nature même de l'homme et de la femme puisque dès le commencement du monde, Dieu donna à l'homme pour compagne la femme qu'il avait formée d'une de ses côtes. « C'est pourquoi l'homme quittera son père et sa mère et s'attachera à sa femme et les deux deviendront une seule chair » (Genèse, chapitre II). Par la suite, le Christ a insisté sans équivoque sur l'indissolubilité de l'union matrimoniale.

Les petits mystères de Maître Albert

Pour s'assurer de la fidélité de sa femme

Ceux qui sont obligés de s'absenter pour longtemps de leur maison et qui ont des femmes suspectes et sujettes à caution pourront par mesure de sûreté pratiquer ce qui suit.

— Il faut prendre un peu de cheveux de la femme et les couper menu comme poussière ; puis, ayant enduit le membre viril avec un peu de bon miel et jeté la poudre de cheveux dessus, on procédera à l'acte vénérien avec la femme, et elle aura ensuite un grand dégoût pour le déduit.

— Si le mari veut la faire revenir de ce dégoût, qu'il prenne de ses propres cheveux, qu'il les coupe en poussière comme il a fait de ceux de la femme, et après avoir oint son membre viril avec du miel et de la civette, et l'avoir saupoudré de ses cheveux, il procédera à l'acte avec contentement de la femme.

— Prenez le bout du membre génital d'un loup, le poil de ses yeux et celui qui est à sa gueule en forme de barbe ; réduisez cela en poudre par calcination et le faites avaler à la femme sans qu'elle le sache, et l'on pourra être assuré de sa fidélité. La moelle de l'épine du dos d'un loup a le même effet.

❧ **La rôtie.** Au cours du mariage subsiste une vieille tradition, encore en cours aujourd'hui : la rôtie. Il s'agit de pain ou de boudoirs trempés dans du lait, dans du chocolat, du vin ou du champagne, souvent servis dans... un pot de chambre ! Les invités des mariés partent à la recherche des époux et leur font goûter cette mixture... avant de la goûter eux-mêmes !

❧ Pourquoi offre-t-on des **dragées aux amandes ?** L'amande aurait à faire avec l'amour. L'histoire grecque de Démophon rappelle sa rencontre avec Phyllis dont il tomba éperdument amoureux. Dans l'entrefait, le père de Démophon meurt, le jeune homme s'en retourne à Athènes. Et met plus de trois mois à revenir, ayant mal estimé son temps. Phyllis, sûre de ne plus jamais le revoir, se pend à un arbre que les divinités transformeront en amandier. À son retour, Démophon se recueille auprès de l'amandier, qui se met alors à fleurir. L'amande symbolise dès lors l'amour. De l'amande à la dragée, il faut attendre le XIIIᵉ siècle quand un pharmacien de Verdun songe à la conservation de ses amandes et trouve l'idée de les enrober de sucre et de miel durcis. Si autrefois on distribuait des fruits secs au mariage, les dragées, ainsi mieux conservées et symbole de l'amour, les ont supplantés.

🌢 Si, selon le proverbe, « il n'y a qu'un remède à l'amour, c'est le mariage », 15 % des couples français non mariés seraient donc fortement malades !

(((**Le plus beau tour que l'on puisse jouer à une belle-mère est de ne pas épouser sa fille.** » Jules Renard (1864-1910).

🌢 Entre le xe siècle et la Révolution, **il est interdit de divorcer en France.** Le mariage chrétien domine. C'est un sacrement : son indissolubilité est indiscutable, voire impensable. Il faut attendre la Constitution et la légalisation du divorce en 1792 pour qu'hommes et femmes puissent demander la séparation sous conditions. À la fin des années 1970, le divorce par consentement mutuel est définitivement voté. De 2 000 divorces en 1915, on passe à 36 500 en 1966. Depuis 2001, tout couple de l'Union européenne peut choisir de divorcer dans le pays de son choix s'il y vit, y travaille ou y possède une résidence.

🌢 **Où divorce-t-on le plus dans le monde ?** Aux Maldives (11,91 : nombre de jugements de divorce pour 1 000 habitants), aux États-Unis (4,60), en Russie (4,30), en Ukraine (4,20), à Cuba (4,15) et à Porto Rico (3,97). Et où divorce-t-on le moins ? En Azerbaïdjan (0,63), en Espagne (0,90), en Grèce (0,90), en Iran (0,69), en Ouzbékistan (0,61), en Italie (0,60) et en Jamaïque (0,55) (*Quid*, 2003).

◆ Avec le **Code civil de 1804,** le mariage civil prédomine sur le mariage chrétien : voilà pourquoi aujourd'hui les mariages passent d'abord par la mairie puis par l'église. Interdit de faire l'inverse !

◆ **La mariée était en noir.** Un vrai titre de polar ! Et pourtant, telle est la réalité au début du XXe siècle. Ou tout du moins porte-t-elle une robe sombre, brune, bleu foncé ou gris, voire même rouge. La robe devait resservir après la cérémonie. Ce n'est qu'autour des années 1920 et l'affirmation des valeurs bourgeoises sur celles de l'aristocratie que les robes blanches, couleur de la pureté, firent leur apparition chez les jeunes filles de bonne famille. La virginité de la jeune fille devait être indiscutable, d'où cette symbolique blancheur. La tradition voulait – et veut encore ! – que la future mariée ne se voie pas dans une glace durant toute la préparation de la robe, sinon le malheur s'abattra sur elle et son couple. Il lui est interdit aussi, sous peine de mauvais présage, de la coudre elle-même.

❧ **La mariée française** porte de plus en plus souvent un accessoire neuf, un vieux, un emprunté et un bleu le jour de son mariage. Cette coutume anglaise, en place depuis le XIXᵉ siècle, s'est lentement installée en France. La bague de famille, l'objet ancien, marque le lien entre les aînés et la famille à venir. L'objet neuf n'est autre que la robe de la mariée, idéalisant l'avenir du couple. L'objet emprunté l'est souvent auprès d'une mariée heureuse et établie : le gage de la stabilité ! Enfin, l'objet bleu exprime la pureté des nouveaux époux. Il s'agit la plupart du temps d'un mouchoir, d'un sous-vêtement ou d'un fil cousu dans la robe.

> **Ne pouvant pas supprimer l'amour, l'Église a voulu au moins le désinfecter... et elle a fait le mariage. »** Charles Baudelaire (1821-1867), *Mon cœur mis à nu.*

❧ **Il n'y a pas d'âge pour se marier !** François Fernandez et Madeleine Francineau se sont mariés un joli mois de février 2002. Ils avaient respectivement 96 et 94 ans le jour de leur union. Le mariage le plus long est indien. Sir Temulji Bhicaji Nariman et Lady Nariman furent mariés 87 ans, de 1853 à 1940.

❧ Selon une étude de l'Insee (8 août 2007), **vivre en couple permettrait de vivre plus vieux.** Pour un homme de 40 ans n'ayant jamais connu la vie commune, les risques de mort sont deux fois supérieurs à ceux encourus par un homme du même âge en couple. Mais les tendances s'inverseraient à partir de 80 ans !

Rites funéraires et au-delà

« Quand on ne sait pas ce qu'est la vie,
comment pourrait-on connaître la mort ? »
Confucius (env. 551- env. 479 av. J.-C.).

◆ **Les morts de la préhistoire** en France sont enterrés avec des couteaux et des bijoux composés de dents animales ou de coquillages, autour du cou, des chevilles, de la tête et, de façon plus originale, au niveau des coudes. En revanche, nulle trace ou presque de denrées ou d'offrandes : l'homme préhistorique songeait peu à l'au-delà. Les premières sépultures de la préhistoire ont été mises au jour à Skhul et à Qafzeh en Israël. Elles datent de – 100 000 ans. Des traces d'ocre sont souvent retrouvées. Les sépultures de la préhistoire entre le VIᵉ et le IVᵉ millénaire av. J.-C. présentent les défunts sur le dos ou légèrement sur le côté, comme recroquevillés.

> **Qui sait si la vie n'est pas la mort
> et si ce n'est pas la mort
> que les hommes appellent la vie ? »**
> Euripide (env. 480- env. 406 av. J.-C.).

◆ **Le croque-mort,** personnage mystérieux, entouré d'une certaine légende, fascine encore et toujours. Il veillait autrefois, avant de fermer le cercueil, à ce que le défunt fût réellement mort en... lui croquant les orteils ! À moins qu'il ne tirât les morts avec son « crochet » ou son « croc » jusqu'à la fosse commune.

Bel et bien mort ? Dans les textes littéraires ou juridiques, il est encore indiqué « feu » ou « feue » devant le nom d'une personne décédée. Aucun rapport avec une quelconque crémation ! Cette formule ancienne et polie désigne le passage de vie à trépas d'un mortel. Elle est héritée du latin *fatutus* signifiant « qui a accompli son destin ».

À la fin du XIXe siècle, en Angleterre, 2 700 personnes par an étaient enterrées vivantes... par erreur.

Les Gaulois croyaient en **l'immortalité de l'âme.** Le respect des défunts prime, des stèles représentant leur vie quotidienne sont sculptées et des mausolées construits à la sortie des villes pour les personnages illustres. La tradition des épitaphes sur les tombeaux date de cette époque.

À l'époque gallo-romaine, **la coutume est d'incinérer les morts**, jetant force onguents sur les bûchers afin d'évacuer les odeurs et les âmes. Les cendres sont ensuite recueillies dans des urnes cinéraires, souvent en verre aux teintes bleutées et vertes, découvertes notamment sur le site des Cars sur le plateau de Millevaches en France. L'arrivée des Romains instaurera progressivement **l'inhumation des corps.**

❧ En 2006, on a compté en France 134 500 crémations, soit 27 % des obsèques contre... 99,70 % au Japon ! 75 % en Suisse, 73 % au Royaume-Uni, mais 3,8 % au Brésil et 0 % en Grèce où la crémation était interdite jusqu'au 1er mars 2006 (AFIF).

❧ **L'ancêtre du cercueil.** Tout le monde veut son sarcophage aux temps des Mérovingiens. Devant un tel succès, les tailleurs de pierre les construisent tête-bêche dans de gros blocs de pierre, évasés sur le haut, histoire de limiter les pertes de matière première !

❧ Pour toute mort dans un village, le glas est sonné par un ami, un sacristain ou encore le bedeau de l'église du XVIe au XIXe siècle. Petit, moyen, gros, tout dépend des moyens et de l'importance du défunt ! Les variations de sonnerie identifient les villages entre eux et marquent le paysage sonore des campagnes.

> « La mort est quelquefois un châtiment ; souvent c'est un don ; pour plus d'un, c'est une grâce. »
> Sénèque (4 av. J.-C.-65 apr. J.-C.).

❧ Il faut attendre 1579 et l'ordonnance de Blois pour l'enregistrement des sépultures auprès de la paroisse, chose qui n'avait pas lieu jusqu'alors.

❧ **Chrysanthèmes.** La tradition d'honorer les défunts le 2 novembre, lendemain de la Toussaint, avec des chrysanthèmes date de la Première Guerre mondiale (1914-1918). Il fallut vite fleurir les nombreux morts au combat. Le chrysanthème demeure la seule belle fleur de l'époque, notamment parce qu'elle ne pousse qu'au moment où les nuits sont plus longues que les jours. En Chine, le chrysanthème est servi en thé : il allongerait l'espérance de vie. Avec presque 28 millions de pots par an, surtout en octobre et novembre, le chrysanthème est la plante fleurie en pot la plus vendue en France.

《《 **Si vous voulez vivre longtemps, vivez vieux.** 》 Erik Satie (1866-1925).

❧ La première personne informée de la mort d'un homme dans un village, jusqu'au début du XXᵉ siècle, reste... le menuisier, pour la fabrication du cercueil ! Autrefois utilisés uniquement pour les rois, les cercueils se sont démocratisés. Ils doivent au minimum faire 22 mm d'épaisseur (18 mm pour les crémations et les transports de moins de 4 heures). Moins chers, les cercueils en carton sont de plus en plus utilisés. En Italie, des designers ont imaginé un cercueil en amidon biodégradable en forme d'œuf, dans lequel le défunt repose en position fœtale, histoire de symboliser la graine plantée en terre.

💀 **Transport des âmes.** Jusqu'au début du XXᵉ siècle, on ouvre les fenêtres d'une chambre où agonise un malade et on ôte tous les récipients pleins d'eau afin que l'âme du mourant ne se noie pas et qu'elle ne voie, avant le Jugement dernier, si elle sera sauvée ou déchue.

> **Les vieillards aiment à donner de bons préceptes, pour se consoler de n'être plus en état de donner de mauvais exemples. »** François de La Rochefoucauld (1613-1680).

💀 À partir de l'Empire, un **acte de décès** est délivré.

💀 L'expression **« pompes funèbres »** souligne l'ostentation des funérailles au XIIᵉ siècle, surtout dans les classes aisées, où la mort est mise en scène en lumière, chants et autres suffisances.

💀 Une entreprise américaine, Celestis, propose d'envoyer dans l'espace les cendres de vos défunts. De la Terre au système solaire, en passant par la Lune, comptez quand même de 365 à presque 50 000 euros pour 1 à 14 g de cendres...

Derniers instants avec nos morts

◆ Pour les **catholiques**, la veillée du corps est possible, mais cette pratique tend à disparaître de nos jours. La crémation est autorisée en France depuis 1963, mais une cérémonie devant une urne nécessite une autorisation de l'évêque. Jusqu'au XXe siècle, on glissait une pièce de monnaie dans la poche, le gilet, ou le tablier du défunt, comme dans la mythologie grecque où l'on glissait l'obole à Charon pour qu'il fasse traverser le Styx à l'âme du mort.

◆ Ni veillée ni même toilette rituelle ne sont envisagées pour les **protestants**. La crémation est possible depuis 1898.

◆ Le corps dans la religion **orthodoxe** est placé sur le dos, entouré de bougies, une croix ou une image du Christ entre les mains jointes. Parfois, la tête du défunt est orientée vers l'Orient, lieu du Christ ressuscité.

◆ Dans la religion **musulmane**, la toilette rituelle de purification doit être réalisée par des personnes du même sexe que le défunt, de haut en bas, trois fois, en débutant par la droite. Puis le corps est essuyé et enveloppé dans des tissus blancs en nombre impair, les pieds liés. Il est alors placé tête vers La Mecque. Des sourates du Coran sont lues au cours de la veillée par l'imam. La mise en bière est effectuée par les toiletteurs 48 heures après le décès. Dans les pays musulmans, le corps est enterré sans cercueil, sur le côté droit. La crémation n'est pas autorisée.

❦ Dans la religion **juive**, la toilette purificatrice du corps, la *tahara*, est effectuée par des membres de la Hevra *Kaddisha*, confrérie bénévole d'hommes pour les défunts, de femmes pour les défuntes, chargée des rituels mortuaires. Le corps est ensuite enveloppé d'un tissu blanc et posé à même le sol, sans signe ostentatoire. La tête du défunt repose sur un sachet de terre d'Israël, dont le corps est aussi saupoudré. Les proches se réunissent pour la veillée où des prières sont récitées, une bougie allumée, recommandant à Dieu l'âme du défunt. Tout soin de conservation est interdit, ainsi que la crémation. Aucune inhumation n'est prévue les jours de shabbat et les jours de fête. Avant de quitter l'enceinte du cimetière, on déchire un vêtement du côté droit, pour marquer sa douleur. Le deuil s'achève 30 jours après le décès, mais on récite le *Kaddish* pendant un an.

❦ Le corps du défunt dans la religion **bouddhiste** est placé sur le flanc droit, la main droite au niveau du menton, bouchant la narine droite, comme Bouddha à l'heure de son dernier souffle, la main gauche sur le haut de la cuisse. Le défunt est manipulé en commençant par le sommet du crâne, siège de la conscience que l'on doit aider au départ. Pour l'accompagner, lecture est faite du *Livre des morts* tibétain. Le corps est ensuite soit inhumé, soit incinéré. Selon la tradition, des offrandes sont faites aux bonzes.

Hommes

« Le sexe masculin est ce qu'il y a
de plus léger au monde,
une simple pensée le soulève. »

Frédéric Dard (1921-2000), *Les Pensées de San Antonio.*

◆ **Père et fier de l'être.** Le père gallo-romain est fier de ses enfants, qu'il s'agisse d'un garçon ou d'une fille. Pour preuve les nombreux défunts masculins représentés sur leur sépulture aux côtés de leur enfant. La fierté d'un père est inestimable. Aujourd'hui, environ 10 000 pères bénéficient chaque année en France d'un congé parental.

◆ L'homosexualité masculine jusqu'au Moyen Âge, si elle est courante, est durement réprimée, considérée comme hérésie et conduisant au bûcher.

> **Les femmes ont un redoutable avantage sur nous : elles peuvent faire semblant – nous pas. »**
> Sacha Guitry (1885-1957), *Elles et toi.*

> **Notre phallus devrait avoir des yeux ; grâce à eux, nous pourrions croire un instant que nous avons vu l'amour de près. »**
> Francis Picabia (1879-1953), *Aphorismes.*

✦ **Poilant.** La pilosité de l'homme gallo-romain est quasi nulle : une barbe est un atout guerrier dans le camp de l'ennemi. Il pourrait vous attraper par les poils ! La mode est donc au glabre. Sous Charlemagne, c'est tout l'inverse. Vive les cheveux bouclés ! Les hommes tissent leurs barbes de fil d'or et mettent des bonnets de feutre. Une mode qui se poursuit chez les hommes nobles de la Renaissance qui portent la barbe, comme leur roi François Ier qui l'a laissée pousser... pour cacher une cicatrice ! Les prêtres leur emboîtent le pas, suivis des étudiants. Sous Louis XIII, si les cheveux demeurent longs (jusqu'aux épaules), la moustache en crocs fleurit au-dessus des lèvres, avec la royale, barbichette bien taillée, quoique un peu tombante. Au début du XVIIe siècle, on essaye la cadenette, mèche tombante ou tresse sur l'épaule gauche, dévoilant une perle à l'oreille, le tout noué d'un ruban. De nos jours, 25 % des hommes utilisent des soins pour le visage et 75 % utilisent de la mousse à raser.

✦ **Queue de scorpion.** Entre le Xe et le XIIe siècle, des pigaches ou poulaines en guise de chausses apparaissent, avec des bouts pointus et recourbés à la fois. Ce serait Foulques le Hargneux, comte d'Anjou, qui aurait introduit cette mode de la chaussure en queue de scorpion pour cacher... des cors au pied !

> **La tête perdue, ne périt que la personne ; les couilles perdues, périrait toute humaine nature. »**
>
> François Rabelais (1494-1553), *Tiers Livre*, chapitre VIII.

✦ « La virilité de l'homme tient à la sécrétion du sperme, et plus celui-ci est répandu avec abondance, plus les facultés viriles sont affaiblies », *Grand Dictionnaire universel du XIXe siècle*. En ce siècle, l'heure est à l'épargne sexuelle ! Il en va même de l'équilibre du foyer et de la religion de monsieur. La masturbation est proscrite. Elle empêche tout échange des moiteurs des partenaires, pourtant bénéfiques et nécessaires – selon les dires médicaux de l'époque – et fait naître en l'homme le regret de l'acte inachevé. Pis, elle pourrait provoquer de graves crises d'épilepsie... Des combinaisons antimasturbatoires apparaissent alors. Et, pour contrevenir à toute impuissance, la flagellation est médicalement recommandée. Gant de massage, martinet, cravache, *tawse* écossaise – morceau

de cuir fendu pour fesser – ou knout – long fouet russe –
sont ainsi préconisés pour la stimulation.

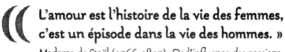

**L'amour est l'histoire de la vie des femmes,
c'est un épisode dans la vie des hommes. »**
Madame de Staël (1766-1817), *De l'influence des passions.*

◆ L'éjaculation nocturne effraie les puristes du XIXᵉ siècle.
Aurait-elle partie liée avec l'acte masturbatoire si décrié
alors ? Pour éviter d'être pris en défaut, des compresses
vinaigrées sont conseillées, sans oublier de dormir... assis !

◆ Aller au bordel pour l'homme au XIXᵉ siècle fait figure
d'exercice imposé dans l'apprentissage du corps de sa
future épouse. Ces maisons de plaisir entraînent aussi de
nouvelles habitudes, comme l'usage du préservatif. Ainsi
voit-on apparaître ces préservatifs en boyau de mouton,
attachés par des rubans de couleur. Les techniques de
contraception, outre le coït interrompu, se développent.
D'autres pratiques sexuelles pallient les contraintes sociales et religieuses : l'onanisme, la fellation ou la sodomie.

**Je ne sais pas ce que c'est la féminité.
Peut-être était-ce seulement
une façon d'être un homme. »**
Romain Gary (1814-1980), *Clair de femme.*

– Métrosexuel (adj.) : mot créé à partir de « métropole » et « hétérosexuel ». Homme qui affirme sa part de féminité. Inventé en 1994 par Mark Simpson, journaliste anglais à *The Independent*.

– Homosexuel, elle (adj. et subst.) : celui, celle qui éprouve une attirance sexuelle pour des individus de son propre sexe.

– Bisexuel, elle (adj.) : attirance sentimentale ou sexuelle pour des hommes et/ou des femmes.

– Hétérosexuel, elle (adj.) : qui caractérise l'attirance sexuelle d'individus de sexe opposé dans une espèce donnée.

– Übersexuel (adj. ou subst. masc.) : homme macho mais ouvert d'esprit, viril mais sensible. Expression de Maria Salzman, publicitaire américaine, au début des années 2000.

Femmes

« La femme est sans doute une lumière, un regard,
une invitation au bonheur, une parole quelquefois ;
mais elle est surtout une harmonie générale, non
seulement dans son allure et le mouvement de ses
membres, mais aussi dans les mousselines,
les gazes, les vastes et chatoyantes nuées d'étoffes
dont elle s'enveloppe, et qui sont comme
les attributs et le piédestal de sa divinité. »

Charles Baudelaire (1821-1867), *Le Peintre de la vie moderne.*

Échos de la mode

❦ **Aux temps préhistoriques,** des colliers sont réalisés à partir de dents de renards ou de cervidés, finement percées, ainsi qu'avec des coquillages ou des coquilles d'escargots. Certains sont placés autour du cou et des poignets, mais aussi des chevilles et surtout des coudes. Ces véritables parures traduisaient la classe d'âge, la classe sociale ou des sentiments plus intimes. Des statuettes en ivoire et en pierre furent découvertes dans les tombes, notamment à Avdeevo (Ukraine). Ces déesses mères représentaient des figurines féminines sculptées en ronde-bosse, très généreuses, percées au niveau de la cheville. Pourquoi à cet endroit ? Cela permettait tout simplement de les porter suspendues autour du cou, tête à l'envers pour l'observateur, mais dans le bon sens, tête baissée, pour sa propriétaire !

❦ **Portrait d'une élégante, la femme gauloise.** À l'époque gauloise, la femme ne se maquille guère et se parfume peu, suivant l'adage de Plaute : « Une femme qui sent bon est une femme qui ne sent rien. » Mais, sous l'influence des femmes romaines, elle arbore fards et bijoux. Sous l'œil de sa maquilleuse, la femme des élites gallo-romaines dispose, grâce à des spatules, un peu de rouge sur ses lèvres, du safran sur ses paupières, et des œufs de fourmis écrasés sur ses sourcils. Le bijou à la mode est le torque, un collier d'origine celte, épaisse tige de métal terminée par deux boules, mais aussi des colliers torsadés ou de perles en pâte de verre.

◆ **Fibules et ceintures.** La femme mérovingienne porte toujours des épingles héritées de l'époque romaine pour retenir ses vêtements, avec des têtes d'animaux, ansées, rondes ou arquées. D'autres parures font fureur : des boucles de ceinture, de plus en plus élégantes et travaillées, en bronze, en fer, en damasquinure, en forme de S et souvent cloisonnées d'argent ou de grenat. Un vrai travail d'orfèvrerie !

◆ **Vertugadin** : armature portée par la femme du XVIe siècle permettant de faire bouffer la jupe au niveau des hanches. Permettant aussi de... « vertu garder » ? À moins que le terme ne vienne de « verdugo », l'arbuste dont sont tirées les branches qui maintiennent solidement cette jupe. Il disparaît au XIIIe siècle au profit du panier, véritable cage d'osier ou de bois, élargissant encore la jupe de chaque côté.

🌣 **Miroir, joli miroir...** Si les femmes se mirent dans des surfaces en métal dépoli depuis des siècles, le fameux *mirouer* apparaît au XIIIᵉ siècle en agglomérant des feuilles d'étain derrière une plaque de verre. La légende veut qu'il suffise de regarder fixement un miroir la veille de Noël pour y voir apparaître comme dans un tableau les événements marquants de l'année à venir...

🌣 **« Femme fardée déplaît à son mari. »** Cet adage de Xénophon a toujours lieu d'être aux temps médiévaux, tant la femme couvre son visage de fards et d'onguents à base de farine de pois, d'amandes et de laits aromatisés. Au début du XVIIIᵉ siècle, les femmes de l'aristocratie se maquillent toujours autant... même pour dormir !

> Montrons aux hommes que nous
> ne leur sommes inférieures ni en vertu
> ni en courage... Il est temps que
> les femmes sortent de la honteuse
> nullité où l'ignorance, l'orgueil et
> l'injustice des hommes les tiennent
> asservies depuis si longtemps. »
> Théroigne de Méricourt (1762-1817).

🌣 **« Suivez-moi jeune homme ! »** Les demi-mondaines de la fin du XIXᵉ soulignent leur taille moulée et laissent apparaître de dos ce ruban tombant à mi-jambe, en tenant un éventail négligemment ouvert devant leur visage...

♣ **Crinoline et panier.** Au début du XIXe siècle, on entra-perçoit des bottines sous les amples jupes de crinoline (en fils de crin) comptant parfois jusqu'à six jupons ! De quoi écarter les plus téméraires des cavaliers ! C'est le temps du vaporeux, du tulle et de la gaze. L'apparition de la cage, ancêtre du vertugadin et du panier, assemblage de cerceaux de métal dépliants, noué à la taille, au-dessus d'un corset et souvent recouvert de deux jupons en coton, amincit la taille plus encore. Ne pas oublier ses sels en cas de malaises pour retrouver ses esprits !

♣ **Gustave Eiffel, inventeur du porte-jarretelles ?** La jarretière date du XIIe siècle ; hommes et femmes portent cette attache qui permet de retenir leurs bas au-dessous du genou. Sous Louis XIV, l'attache est à mi-cuisse, uniquement sur celles des femmes. Sous le Second Empire, la jarretelle fait son apparition, suspendue au corset. Féréol Dedieu, corsetier de son état, réalise en 1876 l'un des premiers porte-jarretelles à des fins médicales : le porte-jarretelles, au contraire des jarretières, ne coupe pas la circulation sanguine. Pourtant, une autre rumeur court à propos de cette invention. Gustave Eiffel, un brin moqueur vis-à-vis des bas tout plissés de sa femme, aurait été sommé par son épouse de lui fabriquer l'outil adéquat pour les soutenir, en bon ingénieur qu'il était. Si l'idée semble belle, tout cela n'est hélas que pure légende !

❧ **Mini, mini...** Évolution des mœurs dans les années 1970 : la femme porte des minijupes, à 15 ou 20 cm au-dessus du genou, et se baigne seins nus sur les plages en été. La première minijupe, une « rase-pets », a été dessinée en 1962 par Mary Quant à Londres, aux abords de Carnaby Street. En 1965, Courrèges présente sa collection de minijupes aux formes trapézoïdales. C'est trop bath !

Astuces de nos grands-mères

Pour les pulls défraîchis : lavez-les dans l'eau de cuisson des épinards.

Pour les pulls en cachemire : lavez-les à l'eau tiède, ne les tordez pas à l'essorage et séchez-les à plat sur une serviette.

Taches de fond de teint : tamponnez la tache d'éther. Renouvelez jusqu'à ce que la tache disparaisse. Puis lavez à l'eau et au savon.

Taches de nicotine sur les mains : frottez-les avec du citron. Sinon, trempez vos doigts dans de l'eau avec une pointe d'eau de Javel diluée, et rincez abondamment.

Égalité ? Vous avez dit égalité ?

● L'homme préhistorique est... aussi une femme ! Au moins la moitié de la population datant de la préhistoire est féminine, en charge de la cueillette sous Cro-Magnon et du ramassage des coquillages, avec des paniers fabriqués par ses soins. Mais l'égalité homme-femme est loin d'être une réalité. Il faut attendre 1938 pour que la femme mariée ne soit plus considérée dans le Code civil français au même rang que les fous, les délinquants et les mineurs. Et 1945 pour que les femmes obtiennent (enfin !) le droit de vote, alors qu'il était déjà accordé depuis 1755 en Corse grâce à Pasquale Paoli, depuis 1869 dans le Wyoming (premier État américain autorisant le suffrage féminin), 1893 en Nouvelle-Zélande, 1902 en Australie, 1906 en Finlande. Les Émirats arabes unis, eux, ont attendu 2006. Ce n'est qu'à partir de 1965 qu'une femme française est libre d'exercer une profession sans demander l'autorisation de son mari, ainsi que d'ouvrir un compte en banque !
● **Savoir cuisiner** est un atout de séduction pour deux tiers des Français. 67 % des femmes interrogées avouent qu'un cordon bleu est plus séduisant. Les professions masculines faisant rêver le plus les femmes : pompier et médecin (16 %), mannequin (14 %) et masseur (13 %) (*Francoscopie*).

🌢 **Langage des mouches.** Au XVIIe siècle, la mode est aux perles, mais surtout à la mouche, un petit rond de taffetas ou de velours noir que les femmes plaçaient sur le visage ou le décolleté. Un code régit son port :
– La baiseuse en dispose au coin des lèvres.
– La femme effrontée la place sur le bout de son nez.
– La passionnée près de l'œil.
– La coquette sur les lèvres.
– La discrète sous la lèvre.
– L'enjouée au pli de la joue quand elle rit.
– La majestueuse sur le front...
– Et la voleuse... pour cacher un bouton !
Progressivement, surtout sous Louis XIV, même les hommes élégants adopteront cette coquetterie.

🌢 **De l'art du travestissement.** De rares cas de femmes travesties au XVIe siècle affleurent. Certaines apprennent des métiers d'homme, se marient même avec des femmes, jusqu'à ce que le godemiché, « pour suppléer aux insuffisances de [leur] sexe » (Montaigne), révèle le pot aux roses. Le travestissement pour les femmes à l'âge de la puberté permet de bannir la frontière sexuelle et les codes sociaux classiques. Marins, soldats, pirates... : s'habiller en homme au XVIIe ou au XVIIIe siècle est chose courante. Voire une habitude pour certaines ! Geneviève Prémoy fut célébrée par Louis XIV en personne pour ses exploits de piraterie sous les traits du chevalier Balthazar ! Puis la figure de la femme

homosexuelle continue de fasciner l'homme du XIXᵉ siècle. Elle le rassure même : le plaisir homosexuel, si tant est
qu'il soit connu, selon lui, permet à sa future femme de
rester vierge jusqu'au mariage. Voire...

🍄 **Pas d'orgasme, pas de bébé !** Sous l'Ancien Régime,
les traités médicaux exigent la satisfaction de l'orgasme pour
la femme, condition sine qua non à la libération des
semences nécessaires à la procréation.

🍄 **Clitologie.** Le clitoris des femmes, selon les théories
très masculines de l'Ancien Régime, ne serait qu'une ver-
sion réduite et mal formée du sexe de l'homme.

Les petits mystères de Maître Albert

— La femme ou la fille qui met son jupon à l'envers
recevra un affront.

— La personne qui perd sa jarretière peut être sûre
qu'on lui est infidèle.

— Quand les épingles à cheveux tombent du chignon
d'une personne, c'est signe que l'on pense à elle.

— Lorsqu'il tombe ou manque un bouton au gilet,
c'est un indice de grande prospérité et de réussite.

— Poser une robe neuve à l'envers sur un lit est
un signe de grand malheur.

🌢 **« Tomber dans les pâmes ».** L'expression « tomber dans les pommes » viendrait du Moyen Âge, de « pau-mez », qui deviendra « pâmé » au fil du temps (d'où « pâmoison »), c'est-à-dire « évanoui ».

Chefs-d'œuvre capillotractés

🌢 Sous l'Antiquité, en Égypte, les femmes retenaient leurs cheveux par des piques et disposaient au sommet de leur crâne des cônes d'encens qui, sous l'effet de la chaleur, fondaient et parfumaient la chevelure la journée durant.

🌢 Au Proche-Orient, les femmes glissaient quelques éclats de myrrhe dans leurs nattes pour séduire leurs princes charmants. Les plus audacieuses les glissaient même jus-que dans leurs souliers...

🌢 Au Vietnam, les femmes parfument leur chevelure de gingembre ou de vétiver, tandis que la vanille orne les coiffes malgaches.

🌢 Au bas Moyen Âge, la jeune femme porte de longs cheveux détachés (ils peuvent tomber jusqu'aux genoux !), un voile couvrant sa tête, ou deux tresses nouées d'un long ruban. La mode avec les années passe aux truffeaux, les cheveux tressés et ramassés sur les tempes en chignon, dans un filet de soie. Toutes aimaient changer de couleur de cheveux, souvent grâce aux urines animales. Ces gentes dames se doivent aussi d'avoir un front dégagé et épilé, met-tant leurs yeux en valeur. Diverses techniques sont employées pour l'épilation, notamment le sulfure naturel d'arsenic. Le plus dur est d'empêcher la repousse du poil. Là encore, des substances et préparations pour le moins étranges sont utilisées, comme le sang de grenouille.

« Quelquefois les coiffures montent insensiblement, et une révolution les fait descendre tout à coup. »
Montesquieu (1689-1755), *Lettres persanes.*

♦ Mlle de Fontanges, maîtresse de Louis XIV, porte une coiffe comptant de nombreux nœuds de rubans. Ses contemporaines l'imitent et la chevelure à la Fontanges fait fureur fin XVIIe siècle. Marie-Antoinette marque sa différence avec sa modiste, Rose Bertin. Celle-ci place des poufs (morceaux de gaze et fausses mèches entre les cheveux) et les agrémente :

pouf aux sentiments – le préféré de ces dames, avec fruits, légumes, colifichets, etc. –, coiffure à la *Belle Poule* (du nom d'une frégate) ou encore chapeau feu l'Opéra. Autant de noms tirés d'événements de la vie quotidienne, le départ d'un navire, une représentation théâtrale, etc. Après la Révolution, les coiffures s'ornent plus modestement de fleurs des champs et de cocardes tricolores. Le bibi, petit chapeau, embellit les cheveux plaqués des femmes bourgeoises sous Louis-Philippe. On vendait encore 102 900 kg de postiches par an en 1873...

Vêtements

« Une mode a à peine détruit une autre mode
qu'elle est abolie par une plus nouvelle, qui cède
elle-même à celle qui la suit, et qui ne sera pas
la dernière ; telle est notre légèreté. »

Jean de La Bruyère (1645-1696), *Les Caractères.*

◆ Au Néolithique, pour la fabrication de vêtements, on utilise aussi bien la laine des moutons que le lin ou l'écorce de tilleul. Ces fibres végétales étaient dans un premier temps immergées (technique dite « du rouissage »), puis nettoyées, filées souvent autour des troncs d'arbres et assemblées en écheveaux avant d'être utilisées pour la création de pagnes notamment. Les aiguilles utilisées étaient en os d'oiseau évidé, le chas percé par une pierre ciselée.

◆ *Sagum* ou *cucullus*, telle est la question. La femme gallo-romaine aisée revêt d'amples tuniques, retenues par une ceinture à franges. Sur ses épaules, elle porte le *sagum*, sorte de pelisse. Les femmes attachent les plis de leurs vêtements à l'aide de fibules, l'ancêtre de l'épingle, de véritables bijoux vers le IIe siècle de notre ère. Parfois, les femmes passent le *cucullus*, manteau à capuche, que porteront aussi les hommes des champs et les ecclésiastiques.

◆ **Vive le carreau ! À mort la rayure !** Les tissus les plus utilisés à l'époque gallo-romaine sont le lin, la laine et la soie, souvent à carreaux, alors très à la mode. Mais au Moyen Âge, la rayure est bannie. Il s'agit de l'« étoffe du Diable » (M. Pastoureau). Des religieux de l'ordre de Notre-Dame-du-Mont-Carmel arrivent à Paris avec saint Louis au retour d'une croisade, en 1254, habillés de vêtements sombres, bruns, fauves, aux rayures blanches. Scandale ! La rayure, c'est le péché ! Ces pauvres hommes sont vite surnommés « frères barrés », frères bâtards, impurs, comme le rappelle la Bible : « Tu ne porteras pas sur toi un vêtement qui soit fait de deux. » Il faut attendre le xive siècle pour que la rayure soit réhabilitée, et surtout le xviiie avec les tissus tricolores de la Révolution !

🔹 Les Gaulois portent la saie, un manteau de laine carré, agrafé à l'avant au niveau des épaules. En guise de pantalon, les hommes portent des braies, ancêtres du caleçon, très bouffantes, avec une ceinture à six passants pour la taille et accrochées aux chaussures, des sandales à lanières de cuir. Comme Astérix ! Avec l'arrivée des Romains, les hommes adoptent progressivement la tunique.

🔹 **Chemise de nuit, chemise de jour.** L'usage de la chemise se généralise au xive siècle. On revêt symboliquement l'enfant de celle du père dès ses premières heures, et elle habille le corps du défunt pour son dernier voyage. Au xvie siècle est utilisée la chemise de lit avec le trou du bonheur destiné à l'accouplement. Les chemises se font raffinées. Fils d'or, d'argent ou de soie en illuminent les étoffes. Les cols naissent haut, avec la fraise, savant plissé de dentelles, sous Henri III, puis retombent sous Louis XIV, désormais simples cols, mais richement ornés, garnis de jabots, nouvellement apparus, évoquant l'encolure renflée des pigeons. Broderies, dentelles, tout y passe ou presque pour agrémenter au quotidien ces plastrons, ces cols, ces manches et ces manchettes amovibles. Les cols tels que nous les connaissons aujourd'hui datent du XIXᵉ, faux col tout d'abord, d'un seul tenant par la suite ; la chemise à col fixe s'impose définitivement.

❧ **Jeu des ceintures.** L'ajustement des formes, à la fois plus évasées et longues au cours du Moyen Âge, s'accompagne d'une finesse des étoffes précieuses, venues d'Italie ou d'Orient. Une simple tunique de laine ou de soie (le bliaud) est structurée par le jeu des ceintures : la première, large, est nouée dans le dos et enserre l'abdomen. La seconde, de matière plus noble (soie, cuir), mesure deux fois la taille de la femme ainsi vêtue. Les manches sont également longues, jusqu'à tomber au sol parfois, très lâches. D'un geste distingué, la main blanchie au lait, la femme noble tient ses jupes retroussées pour rendre ses visites.

❧ **Cols croisés.** La religieuse au Moyen Âge porte une guimpe amovible, morceau de toile autour du cou et de la gorge. La femme civile porte, elle, corsage et jupe. La chemise, cachée au-dessous, apparaît progressivement, à manches, formant et créant les manchettes, et sortant de l'encolure : le col est né !

● **Nœuds au cerveau.** Comme « le nœud est à la cravate ce que le cerveau est à l'homme » selon La Rochefoucauld, il existerait plusieurs façons de se faire des nœuds au cerveau. Les plus courants sont le nœud simple, le nœud double simple, le demi-windsor et le windsor. La mode des cravates date de Louis XIV, à la cour duquel évoluait un régiment de cavaliers croates. Ces derniers nouaient leur col avec un fin cordon ou foulard noir. Ils étaient surnommés les Royal-Croates. La cravate, dérivée du mot « croate », supplantera les jabots et les fraises autrefois présents à la cour du roi et traversera les âges.

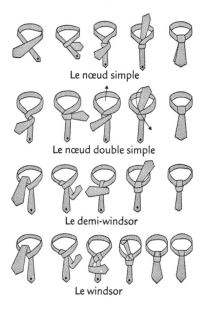

Le nœud simple

Le nœud double simple

Le demi-windsor

Le windsor

❧ **Comment ces lacets sont-ils arrivés à nos pieds ?** Les chausses de Charlemagne ressemblent à s'y méprendre aux caliges romaines, des sandales lacées faites de lanières de cuir qui prennent le mollet. Un vrai signe de richesse et d'oisiveté pour l'époque ! Tout le monde ne saisit pas l'utilité de ces chausses à pointes, attachées aux genoux. Encore moins dans les campagnes, où l'on ne porte que semelles de bois avec attaches en cuir et socles ronds de fer avant de créer les populaires sabots. Dans les sabots, on glisse des pantoufles confortables en feutre venues de Charente et qui donneront les... charentaises. Les lacets n'existent pas encore. Il faut attendre la diminution de la taille de la courroie. Plus précisément de l'aiguillette, cordage obtenu avec les chutes du cuir, roulé entre deux planches de bois et qui apparaît au bout des pieds entre le XIIIe et le XIVe siècle.

❧ **Pointures.** Une pointure française correspond à 6,66 mm. Un 43 fait donc 28,38 cm. Une pointure anglaise correspond à 8,46 mm. Et comment calculer la largeur de votre pied ? Facile ! Multipliez le périmètre de vos orteils en centimètres par 2 et déduisez votre pointure.

Astuces de nos grands-mères

Lorsque les embouts de vos lacets sont perdus (et Dieu sait que ça arrive souvent !), ne pestez pas. Trempez-les dans du vernis incolore, ils rentreront à nouveau impeccablement dans les œillets de vos chaussures préférées !

Pour désodoriser vos chaussures, prenez deux chaussettes, remplissez-les de thym et de charbon écrasé et glissez-les dans vos chaussures. Désodorisation assurée !

Des chaussures tachées par la pluie ? Pas de souci ! Pressez un citron, mélangez avec autant de lait. Avec un coton, tamponnez vos chaussures abîmées avec cette préparation. Faites sécher, cirez. Et c'est reparti !

♦ « Les voyages forment la jeunesse et déforment les pantalons ! » (Valéry Larbaud). Dans les années 1970, le pantalon « **patte d'éph'** », très large aux chevilles, fait fureur, chez les jeunes... et les moins jeunes ! On reprend les vêtements du monde ouvrier, on les mélange avec d'autres rapportés des « Zindes » ou d'Asie avec des étoffes bigarrées qu'on associe à qui mieux mieux.

◆ **« Sauveur d'âmes »**. Ainsi sont nommés les ancêtres de nos cordonniers capables de récupérer au XIXᵉ siècle cette partie du soulier, la trépointe, ou débordant de semelle. Lavée, rafistolée, bien séchée, cette partie sauvée permettait d'en recomposer une autre. De l'art de la réincarnation du cuir !

◆ **Ras les manches** ! Au début du XXᵉ siècle, un nouveau vêtement apparaît, venu des États-Unis, ancêtre du tricot de peau ou du maillot de corps, en coton et de forme cylindrique. Avec les manches, il a la forme d'un T. Ce sera le T-shirt. Il sera obligatoire et officiel au sein de l'US Navy à partir de 1920. La Seconde Guerre mondiale assurera son succès. Pour la petite histoire, on raconte que le boxeur Marcel Cerdan en avait assez des manches de son T-shirt d'entraînement. Ça le faisait trop transpirer ! Il supprima les manches. Il venait d'inventer le marcel.

◆ **Ça ne fait pas un pli** ! Au Moyen Âge, on roule ses vêtements, on ne les plie pas. À moins qu'on ne les tende au mur. Dans le donjon des châteaux forts, les habits sont étendus sur de longs échalas de bois, plantés dans le mur... pour les protéger des petits rongeurs.

◆ **Brayette ou braguette ?** Les braies sont les ancêtres des caleçons, héritées des germains et des gaulois. Elles se glissent dans les chausses et sont retenues, grâce à des aiguillettes – de fins cordons –, au niveau de la brayette. L'aiguillette figure la puissance – ou l'impuissance ! – masculine, et ce encore aujourd'hui à travers certaines expressions populaires comme « nouer l'aiguillette ». Les chausses montant progressivement jusqu'à la taille, les braies diminueront pour devenir de simples caleçons. La braguette sert, quant à elle, à partir du XVe siècle à nouer et retenir les chausses entre elles. De basses, les chausses deviennent montantes. La braguette est extérieure au XVe siècle, petite poche ou morceau de tissu cachant l'attache des chausses au niveau des cuisses puis de la taille. Aujourd'hui les caleçons sont retenus par des élastiques ou des boutons, quand la braguette figure toujours sur nos pantalons.

Les petits mystères de Maître Albert

Pour nouer l'aiguillette

Ayez la verge d'un loup nouvellement tué et, étant proche de la porte de celui que vous voudrez, vous l'appellerez par son propre nom, et aussitôt qu'il aura répondu, vous lierez ladite verge de loup avec un lacet de fil blanc, et il sera rendu si impuissant à l'acte de Vénus qu'il ne le serait pas davantage s'il était châtré. De bonnes expériences ont fait connaître que pour remédier, et même pour empêcher cette espèce d'enchantement, il n'y a qu'à porter un anneau dans lequel soit enchâssé l'œil droit d'une belette.

Où ai-je mis mon chapeau ?

Ou calotte, bada, bitos, calotte, coiffure, bonnet, cloche, couvre-chef, caloquet.

🍀 Les hommes nobles de la fin du XVIe siècle revêtent une coiffe à fronces cousues, griffée sur le côté d'une plume, parfois de pierres précieuses, ainsi qu'une fraise autour du cou.

🍀 Le gibus apparaît à la fin du XIXe siècle. Il s'agit d'un chapeau haut de forme, à ressorts, pour pouvoir l'aplatir très facilement. Ce chapeau est en feutre ou en soie et se porte, plié, sous le bras.

🍀 Le chapeau melon prend place sur les têtes des hommes sous la Troisième République ; ils sont habillés d'un complet veston simple, pantalon et gilet, de même couleur, souvent du noir. Pour les cavaliers, un anneau sur le bord et un cordon, pour ne pas le perdre.

🍀 Le chapeau haut de forme du XIXe siècle a des becs, devant et derrière, pour laisser s'écouler l'eau.

🍀 Le canotier des rameurs de bord de mer... fut vite adopté par les femmes !

🍀 La casquette reste l'apanage des ouvriers, avec la blouse traditionnelle en gros tissu.

🌶 **« Sucrer les fraises ».** Au XVIe siècle, les vieillards à per-
ruques poudrées portaient la fraise, cette encolure plissée.
Les plus âgés, pris de tremblements, secouaient la tête
en sucrant copieusement leur col. L'expression d'une séni-
lité galopante était née !

🌶 **Silhouette au pied de la lettre.** La silhouette de la
femme à travers les âges ne cesse d'être compressée. Les
femmes gréco-romaines s'enveloppaient déjà la poitrine
dans des bandeaux de tissu : l'ancêtre du soutien-gorge !
Les seins ne sont pas alors atouts de féminité. Il faut attendre le Moyen Âge et ses corsets pour souligner la taille et
autres attributs. Ces « assassins de la race humaine »
(Napoléon) seront réalisés à l'aide de fanons de baleines, puis en métal ou en bois. La firme Peugeot, aujourd'hui
l'un des fleurons de l'automobile française, fut d'ailleurs
au XIXe siècle l'un des pourvoyeurs de baleines à corsets pour
l'industrie textile. Sous le Second Empire, place aux baleines en acier laminé destinées aux crinolines de ces gentes
dames. Au milieu des années 1950 c'est le new look, les
silhouettes de la célèbre marque de haute couture Christian
Dior suivent les formes des... lettres de l'alphabet. Une
collection décline le H, une autre le A ou le Y.

Vêtements et tissus venus d'ailleurs

Pājāma (ourdou) : pyjama.

Yelek (turc) : gilet.

Kaftân (turc) : cafetan.

Bola (espagnol) : boléro.

Anorak (inuit) : anorak.

Bikini (américain, du nom d'un atoll du Pacifique) : maillot de bain deux-pièces.

Parka (inuit) : parka.

Gimon (japonais) : kimono.

Jodhpur (indien, du nom d'une ville du Rajasthan) : jodhpur.

Kuffiyah (arabe) : keffieh.

Mole skin (anglais) : moleskine.

Taffeta (turco-persan) : taffetas.

La guerre des boutons

🍃 Les boutons débarquent en France avec les croisés de retour d'Orient.

🍃 Le dernier bouton d'un costume est rarement fermé, en souvenir du repas d'un roi anglais qui, ayant fait copieusement bombance avec ses officiers, se permit ce geste pour le moins déplacé : il déboutonna son dernier bouton. Suivi peu de temps après par ces mêmes officiers, fort polis. Et la coutume resta.

🍃 Si les boutons d'un blazer paraissent inutiles et souvent

grossiers, ils témoignent d'un temps pas si lointain où ils permettaient tout simplement d'ajuster la veste à son propriétaire.

◆ Le boutonnage des habits féminins et masculins demeure souvent inverse. Les boutons des hommes étaient cousus à droite, pour dégainer du côté gauche. Pour les femmes, autre réalité pratique : elles étaient le plus souvent habillées par leurs servantes, le boutonnage à gauche s'avérait alors plus simple. Autre réalité tout aussi pragmatique : les femmes étaient généralement assises à droite dans les églises, les hommes assis à gauche pouvaient ainsi espérer apercevoir, qui l'esquisse d'un corsage, qui la naissance d'une poitrine entre deux prières.

◆ Le bouton voit rouge : la fermeture à glissière s'agrippe en 1850. Pis ! Le velcro (velours crochet) est créé, des bandes de boucles synthétiques n'hésitent plus à s'unir dans un jeu d'accroches minuscules...

« Dieu que tu étais jolie, ce soir, au téléphone. » Sacha Guitry (1885-1957).

◆ **La folle saga du jean.** Rien n'est plus tendance dans les années 1980 que le blouson en jean. L'invention du jean date de 1850, par Levi Strauss, venu de Bavière, et son complice, Jacob Davis, qui trouva le système de rivets pour empêcher que les poches ne se déchirent. La légende veut que Levi Strauss cousît son premier pantalon avec cinq poches et des attaches pour bretelles (pratique pour « remonter les bretelles » des enfants canailles !) dans la toile de la bâche avec laquelle il arriva en Californie. Cette toile était en futaine de Gênes (d'où *jean* par déformation), un tissu résistant qui sera exploité et fabriqué aux États-Unis à partir du XVIIIe siècle. Coup d'éclat. Peu cher, le jean sera vite adopté par les ouvriers, mineurs, cowboys, sans oublier les chercheurs d'or. Levi Strauss utilisera ensuite un coton de Nîmes (d'où *denim*). Un succès qui ne se dément pas : en France, en 2002, les hommes ont acheté un peu plus de 30 millions de paires de jeans (*Francoscopie*) !

Santé, hygiène et soins du corps

« Pignes de bouy, la mort aux poux,
c'est la santé de la tête. »

Cri des peigniers du XVIIe siècle.

🍋 Au Néolithique, **la trépanation** est monnaie courante pour soigner moult maux. Reste à savoir l'utilité avouée de ce geste accompli au silex et la part magique que l'on prête à l'opération.

🍋 **Grand coin.** On n'a pas de toilettes individuelles au temps des Gallo-Romains. Les latrines sont accolées le plus souvent aux thermes. Elles sont communes, en forme de U, en pierre, dotées d'un système d'évacuation d'eau ingénieux. Tout le monde s'y retrouve en allant aux thermes.

🍋 Pour les maux du quotidien, les Gaulois prient et invoquent les déesses ou les dieux dans les sanctuaires qui leur sont réservés, notamment Sequana (la Seine), avec des ex-voto et des amulettes représentant l'endroit à soigner : ici un œil, là un sexe... Tout comme il est d'usage d'attribuer **à chaque partie du corps une senteur unique.** Au bras les frictions de menthe, aux genoux et au cou le lierre et aux cheveux et aux sourcils la marjolaine.

🍋 Entre les Xe et XIIIe siècles, **la magie des pierres** est manifeste. À la couleur du mal correspond la couleur d'une pierre. Une pierre jaune guérira des jaunisses, une pierre rouge soignera les infections sanguines.

✦ **Qu'est-ce que l'halitose ?** La mauvaise haleine. Pour y remédier, le cure-dents, parfois en bois, voire en porc-épic ou bien sous forme de cristaux qu'on se passait entre les dents chez les Babyloniens. On se nettoyait déjà les dents en Inde en mâchonnant des fétus de margousier. Quant à l'impératrice Messaline, elle se frottait les quenottes avec un mélange de corne de cerf et de sel ammoniac. Quand elle ne se gargarisait pas... à l'urine ! Pour se frotter les dents, à l'époque de la Renaissance, on utilise un linge rude, la touaille (la *towel* anglaise), qu'on imbibe de vin ou de vinaigre. Les premières brosses à dents ont été inventées par les Chinois. En France, elles étaient réalisées à partir de poils de blaireau et de sanglier, notamment en Île-de-France, où vivaient les corporations de brossiers-vergetiers, d'où le nom de « brosse » ! Elles étaient surtout réservées à l'élite, telle celle de Napoléon, avec un manche en vermeil. Elles ont ensuite été fabriquées en série par un Anglais, William Addis, à partir de 1780. Le Nylon n'est apparu sur les brosses qu'en 1938. Aujourd'hui, 3 % des Français reconnaissent ne pas se laver les dents.

Astuces
de nos grands-mères

Croquer quelques grains de café,
c'est bonne haleine assurée !

Pour empêcher votre dentifrice
de sécher si vous avez perdu le
bouchon de votre tube, le mettre
tête en bas dans un verre
d'eau.

❦ **Tout est question d'équilibre !** Le corps au Moyen Âge est un tout, relié à la *phusis*, la « nature ». Comprendre l'organisme humain, c'est comprendre l'univers, dont chaque homme est la réduction. Le but recherché est l'équilibre des humeurs ; sachant qu'à un élément correspondent une saison et un âge de la vie. À l'enfance et au printemps sont associés l'air et le sang ; à l'adolescence l'été, la bile jaune et le feu ; l'automne symbolise l'âge adulte, la terre, la bile noire ; quant à l'hiver, c'est le temps des anciens, de l'eau et de la lymphe. Respecter la nature nécessitera de trouver pour chacun les aliments qui lui correspondent. Selon sa catégorie, on est plus ou moins attiré par certains aliments. Un sanguin aura plaisir à déguster viande et vin quand les lymphatiques se porteront « naturellement » sur les soupes...

◆ La santé de la femme au Moyen Âge vise le rejet des excès, qu'on appelle aussi les « superfluités » : l'épilation, les menstruations, les saignées – le coït même ! – participent de cette régulation naturelle. S'enivrer d'odeurs fortes comme l'encens ou la rose évacue l'air de ces impuretés.

◆ « J'ai le bourdon ». Y a-t-il un rapport avec la grosse bête qui vole ? Aucun ! Le bourdon est la grosse cloche au son grave des clochers qui annonce décès et événements extraordinaires, souvent tristes. Par extension, avoir le bourdon n'a rien de réjouissant. Pis, c'est l'expression d'un désespoir certain.

◆ C'est nickel ! Dans les demeures cossues de la Renaissance qui disposaient d'une baignoire en marbre, on recouvrait l'intérieur de la cuve d'un tissu pour éviter d'avoir froid. Pas très hygiénique tout de même ! La salle de *bains* s'écrit souvent au pluriel, parce qu'elle comptait tout simplement deux baignoires, l'une pour se laver, l'autre pour se rincer, et ce jusqu'au XVIIIe siècle. Le « laboratoire de propreté » arrive des États-Unis au début du XXe siècle, tout en nickel. D'où l'expression !

Parfums des mots, mots du parfum

Chyprés (bergamote/jasmin/mousse de chêne)
Fougères (lavande/géranium)
Cuirs (miel/tabac/essence de bouleau/bois de cade)
Hespéridés (zestes d'agrumes)
Ambrés (vanille)
Boisés (santal/cèdre/conifère/patchouli)
Floraux (muguet/œillet/rose/violette)

◆ **Sacré.** Parfum, de *per-fumum,* « à travers la fumée », instrument de communication avec les dieux égyptiens il y a 3 500 ans. Sert à l'embaumement des morts, évacue les odeurs. Cônes d'essence balsamique fondants, végétaux odoriférants à brûler.

◆ **Profane.** À Rome, Néron fait brûler de l'encens pour éliminer toute odeur d'alcool et relent d'orgies. Bains, onguents, pommades, sapo (ancêtre du savon, graisse de chèvre et cendre). Flacons en faïence.

◆ **Glorieux.** En Grèce, gloire à la mémoire des héros parfumés. Bains, apaisement, nouvelles épices. Vases d'huile et de graisse liquide. Flacons en forme d'oiseaux.

◆ **Distillé.** Grâce aux Arabes, au Moyen Âge, la distillation est découverte. Culture des fleurs de grande ampleur. Le musc animal apparaît.

◆ **Croisés.** Ils rapportent de leurs expéditions de nouvelles senteurs en Europe.

● **Gantiers.** Attribution aux gantiers du monopole du commerce des parfums en 1656 ; ils sont autorisés à vendre leurs propres parfums. Un bon gant est espagnol (pour la peau), français (pour la taille) ou anglais (pour la couture). Les parfums guérissent et chassent les mauvaises odeurs. Gants parfumés à la civette ou ambre gris. Poudres, lotions bienfaisantes.

● **Chimique.** Progrès techniques et industriels à la Renaissance. Grasse devient la capitale du parfum. Gants, pommes de senteurs, ceintures.

● **Royal.** Louis XV change de parfum quotidiennement. Poudriers, boudoirs, pendentifs, pommadiers, boîtes à mouches, gourdes, flacons en porcelaine de Sèvres.

● **Exotique.** Napoléon use plusieurs flacons d'eau de Cologne chaque jour, Joséphine redécouvre la vanille de son enfance. Flacons en cristal de Baccarat.

● **Prestige.** Guerlain (1828), Molinard (1849), Roger et Gallet (1862), Bourjois (1868), « N° 5 » de Chanel (1921).

● **Industriel.** De grands groupes s'emparent des senteurs (L'Oréal, LVMH, Puig, Lancaster, etc.). Échantillons.

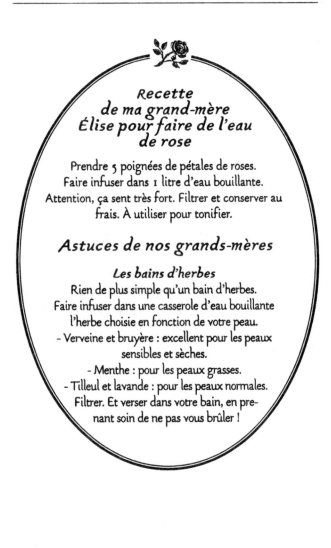

Recette
de ma grand-mère
Élise pour faire de l'eau
de rose

Prendre 5 poignées de pétales de roses.
Faire infuser dans 1 litre d'eau bouillante.
Attention, ça sent très fort. Filtrer et conserver au
frais. À utiliser pour tonifier.

Astuces de nos grands-mères

Les bains d'herbes
Rien de plus simple qu'un bain d'herbes.
Faire infuser dans une casserole d'eau bouillante
l'herbe choisie en fonction de votre peau.
- Verveine et bruyère : excellent pour les peaux
sensibles et sèches.
- Menthe : pour les peaux grasses.
- Tilleul et lavande : pour les peaux normales.
Filtrer. Et verser dans votre bain, en pre-
nant soin de ne pas vous brûler !

❦ **« Pignes de bouy, la mort aux poux, c'est la santé de la tête »**, cri des peigniers au XVIIe siècle. Ne jamais retirer ces *pediculus humanus capitis* de la tête d'un enfant au XIXe siècle : ils sont signes d'une bonne santé.

❦ **Laver tue.** Ouvrir ses pores sous l'effet de l'eau chaude des étuves est mal vu à partir de la fin du XVIe siècle : se laver engendrerait de multiples maux, syphilis et peste en tête. La « toilette sèche » (selon l'expression de G. Vigarello) se trouve désormais prescrite jusqu'au XVIIIe siècle. Pour se laver, on change tout simplement de vêtements.

❦ À la Renaissance, si l'on se sert de la main droite pour manger à table, la main gauche reste toujours utile pour... se moucher. L'usage du mouchoir se développe pourtant grandement à cette époque. En Angleterre, il sert à couvrir la main (*handkerchief*) et aux Pays-Bas, il est sac (*zakdoek*). Dans tous les cas, le mouchoir est un petit morceau de tissu, souvent carré. Le mouchoir en papier débarque en France en 1924, le Kleenex (Kimberly-Clark) en tête, d'abord utilisé comme démaquillant. Il faut attendre 1928 pour découvrir la boîte en carton prédécoupée ouverte sur le dessus et 1932 pour les premiers paquets de Kleenex en plastique.

Corps troués

✦ Le piercing est une coutume ancestrale. Elle marque l'appropriation du corps par soi-même, une mise en beauté par des bijoux et aussi une revendication sociale, celle d'être unique et d'aller à l'encontre des conformismes. Cette coutume n'a pas le même sens dans le monde et dans l'histoire.

✦ **Oreille.** Ornement déjà pratiqué au Néolithique, mais aussi par les Mursi d'Éthiopie au niveau des lobes d'oreilles et des lèvres, grâce à des petits plateaux de pierre ou de bois. Les Massaï, au Kenya, les portent encore aujourd'hui dès l'âge de 5 ans. Les lobes sont ensuite étirés pour mesurer plusieurs dizaines de centimètres. Plus ils sont larges, plus ils marquent la force de « celui qui écoute ». En Amazonie, on glisse dans le lobe le totem en bois de la tribu.

✦ **Nez.** Se percer le nez vient d'Inde et marquait le rang social élevé, à partir du XVIᵉ siècle.

✦ **Langue.** Chez les Aztèques et les Mayas, se percer la langue permet d'entrer directement en contact avec les dieux et les esprits.

✦ **Le record de piercings** est détenu par Elaine Davidson en Angleterre : elle en porte plus de 2 500, dont 192 sur le visage !

❧ **Vespasiennes.** Les ordures à Paris et dans les grandes villes au XVIᵉ siècle jonchent les rues. On les jette depuis les fenêtres par seaux entiers ! Et on urine à tout-va. Il faut attendre le préfet Rambuteau pour que la capitale soit équipée d'urinoirs publics en 1834, notamment sur le boulevard des Italiens. Succès retentissant ! Mais le préfet, froissé que son nom soit accolé aux urinoirs, se souvint alors du grand empereur romain, Vespasien, qui inventa les latrines payantes au Iᵉʳ siècle. Rambuteau décida d'appeler ces urinoirs des… « vespasiennes ». Les sanisettes ont pris le relais désormais : 1,8 million de personnes ont utilisé une des 420 sanisettes de la capitale en 2003 (*Francoscopie*).

Alimentation, boisson et arts de la table

« Quand je décoiffe un flacon,
le liège qui pète me fait entendre
un plus beau son que tambours et trompettes. »
Charles-François Panard (1689-1765).

◆ **La technique de pêche** aux cétacés des hommes de Cro-Magnon est habile : grâce à un harpon en os dentelé, la bête est touchée. Le harpon est relié à une balise en vessie animale pleine d'air qui empêche l'animal de replonger. Épuisé, celui-ci est ensuite facilement capturé par les pêcheurs.

◆ *In vino veritas.* Avant l'arrivée des Romains, les Gaulois boivent surtout de l'hydromel et de la cervoise, mélange d'épeautre, de blé et d'orge fermentés. Mais ils apprécient également – et rapidement ! – l'ivresse des vins italiens. Massalia, l'ancienne Marseille, produit un vin rouge charpenté, tannique, et des vins fumés. On produit aussi des vins de fruits, comme le vin de coing. Si la production vinicole se développe au Ier siècle de notre ère dans la région du Rhône, elle progresse et remonte vers le nord et l'ouest, la Bourgogne et le Bordelais, au IIe siècle apr. J.-C., avec le fameux *biturica*, cépage aux grains noirs qui résiste aux frimas de l'hiver. Elle atteint la région de la Loire au IIIe siècle, et ce grâce aux tonneaux de bois qui se substituent peu à peu aux jarres utilisées jusqu'alors.

◆ **Tonneaux d'infamie.** Au XIVe siècle, les femmes infidèles étaient emprisonnées dans un tonneau, tête et mains au-dehors, et conspuées en public, sur la place du marché, à coups de fruits et légumes.

☙ **Nappe ou serviette ?** Les Gaulois mangent assis, à une table, avec une cuillère et une serviette. Cette serviette servait aussi à emporter les restes du repas ! La nappe au Moyen Âge est doublée d'une pièce de tissu, la longuière, placée aux extrémités et roulée, pour s'essuyer mains et bouche. Jusqu'au XVe siècle, les plats sont couverts d'un drap ou d'une serviette blanche, garantissant la fraîcheur des mets. Ainsi naquit l'expression « mettre le couvert », qui traumatise encore bon nombre d'enfants !

        Un livre de cuisine, ce n'est pas un livre de dépenses, mais un livre de recettes. » Sacha Guitry (1885-1957).

☙ **Ce soir, on mange gaulois.** Au menu des tables gauloises : escargots, viandes en salaison, jambons et charcuteries, mais aussi produits de la mer (saumon, ablette) et coquillages, et bizarrement des huîtres, dont ils étaient très friands. Des traces de coquilles ont été trouvées jusqu'aux confins des terres aquitaines ! Mais comment les transportaient-ils ? Les fruits de mer étaient conservés dans des jarres remplies d'eau de mer pour leur garder toute leur fraîcheur. Astucieux, non ?

✦ L'ancêtre des ouvrages de Françoise Bernard ou de Ginette Mathiot n'est autre que *Le Viandier*, recueil de recettes du Moyen Âge, originellement écrit par Taillevent, transmis de cuisiniers en cuisiniers, complété, corrigé, agrémenté, et ce jusqu'au règne de Louis XIII. On y trouve aussi bien la recette de la tarte aux pommes que celle du brouet de cailles.

Oyes à la trayson

¶ Pour faire une oie à la trayson, mettez-la à dorer à la broche. Lorsqu'elle est bien dorée, la mettre dans un pot avec un sain de lard et du bouillon de bœuf. Broyer de la cannelle, des graines et des clous de girofle et mettez-les dans le pot, avec un peu de sucre. Prenez du pain et des foies de volailles et les mettre dans le bouillon de bœuf avec un peu de moutarde. Bouillir tout ensemble et saler à convenance.

« Pour faire une oie à la trayson, mettez-la à dorer à la broche. Lorsqu'elle est bien dorée, la mettre dans un pot avec un sain de lard et du bouillon de bœuf. Broyer de la cannelle, des graines et des clous de girofle et mettez-les dans le pot, avec un peu de sucre. Prenez du pain et des foies de volailles et les mettre dans le bouillon de bœuf avec un peu de moutarde. Bouillir tout ensemble et saler à convenance. »

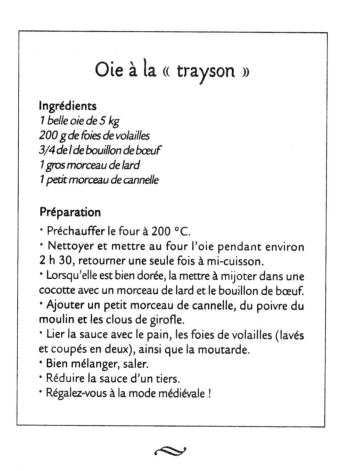

Oie à la « trayson »

Ingrédients

1 belle oie de 5 kg
200 g de foies de volailles
3/4 de l de bouillon de bœuf
1 gros morceau de lard
1 petit morceau de cannelle

Préparation

• Préchauffer le four à 200 °C.
• Nettoyer et mettre au four l'oie pendant environ
2 h 30, retourner une seule fois à mi-cuisson.
• Lorsqu'elle est bien dorée, la mettre à mijoter dans une
cocotte avec un morceau de lard et le bouillon de bœuf.
• Ajouter un petit morceau de cannelle, du poivre du
moulin et les clous de girofle.
• Lier la sauce avec le pain, les foies de volailles (lavés
et coupés en deux), ainsi que la moutarde.
• Bien mélanger, saler.
• Réduire la sauce d'un tiers.
• Régalez-vous à la mode médiévale !

Recette tirée du *Viandier* de Taillevent, édition de 1495, conservé à la
Bibliothèque nationale de France, bibliothèque de l'Arsenal, 2001, n° 31.
Transcription et traduction François-Xavier Féghali : www.citadelle.org

🖤 Si l'on mange essentiellement du porc aux alentours du Xe siècle, on pouvait également être amené à manger du... chien ou des cormorans ! On mange bien encore du cochon d'Inde au XXe siècle...

Recette du cochon d'Inde sauté de Ginette Mathiot

Préparation : *20 min*
Cuisson : *45 min*

1 cochon d'Inde
5 cl d'huile
1 gousse d'ail
Sel, poivre,
bouquet garni

Dépecer le cochon d'Inde. Faire sauter à la casserole dans l'huile d'olive. Joindre la gousse d'ail pilée, sel et poivre, bouquet garni. Couvrir. Laisser cuire 3/4 d'heure.
À volonté, ajouter 10 min. avant la fin quelques petits champignons entiers.

🖤 Les cuisiniers médiévaux distinguent **aliments « chauds »** et **aliments « froids »** selon l'idée alors entendue de la digestion considérée comme cuisson dans le corps. Le poisson, aliment chaud, est facilement cuit. Pour les aliments froids comme la viande, il faut aider à la cuisson, avec force épices. Voilà pourquoi l'on déguste parfois son melon, aliment froid, notamment en Provence, avec une pointe de sel ou un peu de jambon fumé, pour « faire passer ».

✦ Les herbes ont la parole !

Laurier-sauce : en tisane, purifie.

Thym : antispasmodique, a des vertus digestives et vermifuges.

Romarin : stimulant, évite l'ivresse, parfait en infusion pour lutter contre la fatigue.

Camomille : en compresse, hydrate la peau irritée.

Verveine : en bain, excellent pour les peaux sèches. En emplâtre, elle apaise les écorchures.

Ortie : avec de la mille-feuille, dans la main, permet d'affronter les fantômes.

Ronces : séchées, en tisane, combattent les fortes diarrhées.

Basilic : en décoction, soigne les aphtes.

Marjolaine : en compresse sur le front, combat les maux de tête.

Chélidoine : frotter le suc de la tige pour brûler les verrues.

Aubépine : en tisane, apaise les palpitations cardiaques et les vertiges.

❧ **À table !** Entre les XIᵉ et XIIIᵉ siècles, les heures des repas sont alignées sur celles des offices de la liturgie des heures :
le déjeuner se tient à tierce, vers 9 heures,
le dîner entre sexte, 12 heures, et none, 15 heures (qui donnera le *afternoon* anglais),
le souper vers 21 h, lors des complies, dernière prière de la journée.

❧ **Liste de courses pour un repas médiéval :**

– en guise d'apéritif, de l'hypocras (à préparer soi-même, voir recette p. ci-contre) ;
– poisson, en pâté, salé, fumé ou séché, que ce soit du hareng ou du saumon, voire des anguilles et du brochet ;
– de nombreuses herbes liées et relevées en sauce (sur les tables les plus riches) ;
– légumes cultivés dans le cottier, jardinet accolé à la masure ;
– mûres ;
– melons, dattes, figues, rapportées d'Orient par les croisés ;
– talmouses (tourtes au fromage blanc) ;
– rissoles (beignets) ;
– cidre, poiré ou halbi, mélange pomme-poire fermenté (en Normandie).

Comment faire un bon hypocras ?

Boisson hautement moyenâgeuse. Prenez 1 litre de vin chaud, blanc ou rouge, ajoutez-y moult cannelle, 2 clous de girofle, 1 cuillèrée à café de gingembre, 1 gousse de vanille et quelques pétales de roses, sans oublier miel et cardamome. Mélangez le tout, filtrez et servez.

Rapportée d'Orient, cette recette d'apéritif émoustilla plus d'un homme, Rabelais en tête. Elle aurait des vertus non seulement curatives mais aussi aphrodisiaques... Cette préparation, faite à froid et macérée pendant 3 ou 4 jours, peut aussi être servie chaude. Un délice aux vertus tout aussi marquées.

🍞 **Pain quotidien.** Entre les Xe et XIIIe siècles, la terre de France est pauvre. Les Français sont de gros consommateurs de seigle, de millet (dans le Sud), d'orge, de froment, d'épeautre (en montagne), d'avoine (pour les soupes) ou de méteil, association de froment et de seigle. Ces céréales sont mangées sous diverses formes, mais principalement sous celle, très catholique, du pain, objet de tous les miracles bibliques. La consommation française avoisine alors 2 kg par jour et par habitant. Les paysans – bien plus souvent les paysannes ! – font leur propre pâte à pain, à partir du grain apporté chez le meunier, qu'ils vont cuire au fournier du seigneur local, le seul à disposer d'un four le plus souvent. La monnaie d'échange est de 1 pain pour 24 cuits.

 Les petits mystères de Maître Albert

Si on laisse, par mégarde, tomber du pain à terre, se bien garder de l'y laisser. Il faut le relever immédiatement, car, autrement, on pourrait s'en repentir durement.

Multiplication des pains

Bon comme du bon pain : « personne agréable ».
Ôter le pain de la bouche :
« retirer quelque chose à quelqu'un ».
Être au pain sec et à l'eau : « ne pas être bien riche ».
Avoir du pain sur la planche : « avoir du travail ».
Mettre un pain à quelqu'un :
« donner un coup de poing ».
Emprunter un pain sur la fournée :
« faire un enfant hors mariage ».

Une poule sur un mur
qui picote du pain dur,
picoti, picota,
lève la queue et puis s'en va. »

◆ Les Français ne sont pas les plus gros consommateurs de pain en Europe ! Nous consommons aujourd'hui presque 54 kg de pain par personne et par an contre près de 80 kg pour nos voisins allemands. En cent ans, la consommation de pain quotidien a chuté de 900 g en 1900 à 165 g en 2002 (Insee).

◆ **Valse des légumes oubliés** : topinambour, pâtisson, arroche, pourpier sauvage, cardon, tétragone, panais, rutabaga, crosne. Le crosne, arrivé du Japon en France au XIXe siècle, dans le village de... Crosne, dans l'Essonne, au goût d'artichaut, accompagne merveilleusement bien des volailles ou du veau, revenu avec un peu de gruyère, de crème ou de beurre.

◆ **Quelles sont les saveurs les plus adéquates pour séduire en cuisine ?** 74 % des Français répondent les saveurs sucrées, 49 % les saveurs pimentées, et 36 % les saveurs salées (Ipsos, 15 octobre 1994).

◆ **Buller.** La légende veut que le moine bénédictin Pérignon, au début du XVIIIe siècle, dans l'abbaye de Hautvillers, près d'Épernay, inventât presque par hasard la magie des bulles dans le champagne. À l'époque, les bouteilles étaient bouchées avec de l'étoupe. Dom Pérignon cherchait une manière plus propre et élégante de les boucher : il fit couler de la cire d'abeille dans le goulot. Mais après plusieurs mois, les bouchons sautèrent ! Le sucre de la cire d'abeille avait entraîné la fermentation du vin et créé une pression que les bouchons ne purent supporter. Le champagne était né.

◆ L'expression « **sabrer le champagne** » vient d'un geste noble et militaire. Le sabre caresse le col et le goulot de la bouteille et le tranche d'un coup sec et net, éjectant bouchon et muselet. Une technique de guerre, souvent utilisée dans les troupes russes ou les armées napoléoniennes pour célébrer le retour des troupes et – souvent – la victoire. À ne pas confondre avec « sabler le champagne » qui signifie boire d'un trait. Quant aux collectionneurs de capsules et muselets de bouchons de champagne, ils s'adonnent à la **placomusophilie**.

◆ **La bière** était une monnaie d'échange au temps des pharaons égyptiens. Ils payaient les ouvriers construisant leurs tombeaux avec des chopes et du pain ! Au XIVe siècle, la boisson préférée des femmes françaises demeure la bière, épicée à la cannelle, au gingembre ou au genièvre, mais sans houblon encore. Après 1870, la bière est proscrite en France : ne plus en boire serait la meilleure arme pour lutter contre l'ennemi allemand...

◆ **Marchands d'oublies.** Les oublies étaient de petites pâtisseries, sorte de pains azymes très fins, proches en consistance des hosties. Elles avaient la vertu d'effacer les ennuis... On les vendait surtout aux abords des églises. Leur origine remonterait au pape Gélase Ier (Ve siècle) qui les fit faire pour redonner courage aux fidèles de Rome. Au XIXe, ces oublies passent à la trappe.

✦ **Dans le marc.** Il faut attendre le milieu du XVIIᵉ siècle pour voir apparaître le café en France. On le boit en infusion, en décoction ou même bouilli. Une variante, à la fin du XVIIIᵉ siècle, propose le café préparé avec du lait porté à ébullition. Refroidi, après plus de 12 heures, il est ensuite réchauffé et consommé.

54 % des Français prennent du café au petit déjeuner, 14 % apprécient un thé et un chocolat, 6 % un café décaféiné et 3 % une infusion (Ifop-*L'Express*, 27 octobre 2000).

**Noir comme le Diable
Chaud comme l'Enfer
Pur comme un Ange
Doux comme l'Amour. »**
Talleyrand (1754-1838), à propos du café.

● **Moins épicé, s'il vous plaît !** La cuisine médiévale est relevée : poivre (l'épice la plus chère), safran, moutarde, cumin, sucre (considéré comme une épice, eh oui !) ou gingembre sont régulièrement utilisés dans la préparation des recettes de l'époque. Facilement conservables, ces épices rappellent un Orient magique ou rêvé dans l'écuelle. Les épices et leur chaleur aident surtout à digérer. Une théorie ensuite remise en cause par l'étude chimique des sucs gastriques.

● **Coup de fourchette.** La fourchette apparaît sur les tables de France sous Henri III, au XVIe siècle. Même si elle existait déjà depuis le Moyen Âge, elle demeurait un objet de luxe au manche en ivoire ou en cristal. Ce n'est qu'après quelques repas somptueux à Venise qu'Henri III, amusé par cette petite fourche au manche précieux, dotée de deux pointes fines, l'utilisa sur les tables françaises, à des fins avant tout pratiques : elle permettait de ne plus utiliser ses doigts pour manger et, surtout, évitait de tacher la collerette épaisse, la fraise, qui ceignait le cou des nobles de l'époque ! Avec le temps, une troisième, puis une quatrième dent orneront la « petite fourche ».

● **L'heure du pique-nique a sonné !** Ce temps de repas convivial apparaît au XVIIe siècle. Il se tient aussi bien à la campagne qu'à la ville, à l'intérieur qu'à l'extérieur. On pique, c'est-à-dire qu'on picore, des mets souvent froids.

On parle même de « repas à la pique-nique », un niquet signifiant une petite pièce de monnaie de peu de valeur. On accepte communément deux écritures : « pique-nique » (féminin) ou « picnic » (masculin). Au cours du pique-nique, une certaine décontraction s'installe. On mange même avec les doigts ! Cette absence de cérémonie a donné naissance à d'autres expressions populaires comme « à la bonne franquette » (de « franc » : simple et sans forfanterie).

◆ **Mains propres.** Sir John Montagu, comte de Sandwich, refuse catégoriquement en 1762 d'interrompre une partie de cartes. Il se fait alors servir de la viande froide et du fromage entre deux tranches de pain, de manière à ne pas se salir les mains, ni graisser les cartes. Il vient d'inventer le sandwich.

◆ **Tchin-tchin !** Trinquer, en cognant les verres l'un contre l'autre, remonte au Moyen Âge, voire au temps des Vikings. Tout un chacun restait sur ses gardes : l'empoisonnement était trop vite arrivé ! C'est pourquoi les seigneurs et les nobliaux choquaient leurs verres l'un contre l'autre, afin qu'un peu de la boisson de l'un se mélange à la boisson de l'autre. Cette mise en garde semble aujourd'hui bien loin ! L'expression « tchin-tchin » viendrait de Chine, littéralement « suivez vos désirs ». Mais attention, ce geste est à proscrire en Bretagne : trinquer, c'est un marin de moins en mer. De même qu'au Japon, où *tchin-tchin* signifie « zizi ». *Kampai* fera l'affaire !

🍀 **Tubercule péruvien.** Un arboriste et pharmacien aux armées, Antoine Augustin Parmentier, découvre en captivité en Prusse, à la fin du XIIIᵉ siècle, un étrange tubercule, venu du Pérou : la pomme de terre. Convaincu d'avoir trouvé une solution aux famines de l'époque, il offre alors un bouquet de fleurs de ce tubercule à Louis XVI qui, agréablement surpris, glisse l'une d'entre elles à sa boutonnière et une autre dans la coiffe de Marie-Antoinette... Parallèlement, Parmentier organise toute une plantation du tubercule, gardée le jour par des soldats pour susciter l'intérêt du peuple. Gagné ! Cette pomme de terre, si bien gardée, intrigue la population, qui vole le précieux bien la nuit et le goûte, en appréciant bien vite ses qualités. Ainsi fut célébrée l'arrivée de la pomme de terre sur les tables françaises.

🍀 **D'où vient le mot « bistrot » ?**

Ⓐ Du mot poitevin « bistraud » (un domestique) ?

Ⓑ De « bistroquet » (marchand de vin), mot utilisé dans le sud de la France ?

Ⓒ De « bistrouille » ou « bistouille » (fouiller, remuer), mélange de café et d'alcool dans le Nord qui, par extension, signifierait l'endroit où l'on goûtait ce doux breuvage ?

Ⓓ De « bistingo », équivalent en argot de « cabaret » ?

Ⓔ Du cyrillique быстро, en souvenir de l'occupation russe de Paris (1814-1818) ? Les soldats russes n'avaient pas le droit de boire pendant le service. Déjouant la consigne, ils se précipitaient dans ces estaminets français en criant : « быстро, быстро ! », « Vite, vite ! » Le restaurant *La Mère Catherine* à Paris garde encore une plaque de cette anecdote.

F De « bistre », couleur des cafés aux murs brunis par la fumée, comme on trouve les cafés « bruns » et sombres à Amsterdam.

Réponse : Toutes à la fois ! La naissance de ce mot restant toujours une belle énigme...

❧ **« Faire son beurre »,** « mettre du beurre dans les épinards ». À la fin du XVIe siècle, quand la femme paysanne ne se rend pas au marché pour vendre ses produits, un chapeau de paille sur la tête, deux paniers aux extrémités d'un bâton de bois juché sur son épaule, elle baratte le beurre pour toute la maisonnée. Cette activité a souvent lieu en fin de semaine, le jeudi, avec tout le lait amassé. La motte de beurre tient ensuite toute la semaine suivante. Le beurre reste le symbole d'une certaine aisance sociale. Marie-Antoinette aimait assister à sa fabrication dans sa ferme du Petit Trianon. Pour les plus aisés, on le présente dans de jolis beurriers en cristal ou ressemblant à quelque fleur.

❧ **« Cherche corps gras comestible et se conservant plus longtemps que le beurre. »** Hippolyte Mège-Mouriès participe au concours lancé en 1868 par Napoléon III. Il est le seul participant ! Et invente la margarine, une émulsion d'eau, de lait et de graisses animales. En barattant ce mélange, Mège-Mouriès obtient un produit qui ne rancit pas et que l'on peut conserver : le « blanc de perle », *margaron* en grec. La margarine fut par la suite fabriquée à partir de graisses végétales.

Le Beurre malpropre

par Charles Lemaître (1854-1928) – Extrait

La maîtress' Barrassin, fermière à Ond'fontaine,
Qui n'était pas pu c'mod' que cha,
Disputait maleign'ment c' jou-là,
La traitant d' tous lé noms, sa p'tit' servant' Mad'leine :
« T'es qu'eun' malpropr', qu'o l'i disait,
Tantôt, en plein marchi d'Aunay,
J'ai core r'çu eune avanie,
Qu' tan beurre était plein d ' salop'rie ;
Mêm' que Pitard, qu'était m'n ach'teux,
M'a dit y'avé trouvé dé ch'veux.
N'ya qu' té qui vas dans la lait'rie,
Arrang' té dont comm' tu voudras,
Prends l' temps qu'i t' faut, no n' te court pas,
Seul'ment te v'là bi'n avertie,
Sam'di dans l' beurr', si n'y'a co d' qué,
Tu n'airas qu'à fair' tan paquet. [...] »

❧ **Hippophagie.** Menu du *Grand Hôtel de Paris*, boulevard des Capucines, 1865. Pour la première fois, on sert officiellement du cheval de l'entrée au dessert à 132 invités. L'interdiction de manger de la viande de cheval datait des temps bibliques. Il était interdit d'utiliser cette viande pour les rituels. Puis la disette changera la donne, et elle sera autorisée à la consommation à partir du XIIIe siècle. Les premières boucheries chevalines ouvrent au XIXe siècle.

Consommé
Vermicelle au bouillon de cheval

Hors-d'œuvre
Saucisson et charcuterie de cheval

Plats de viande
Cheval bouilli. Cheval « à la mode ».
Ragoût de cheval. Filet de cheval aux champignons.

Légumes
Pommes de terre sautées à la graisse de cheval.
Salade à l'huile de cheval.

Dessert
Gâteau au rhum et à la moelle de cheval.
Et comme boisson... château Cheval-Blanc.

🍎 **Croquer la pomme.** La pomme d'amour au début du XIXe siècle n'a rien à voir avec la sucrerie des fêtes foraines. Tel est le nom donné à... la tomate, de plus en plus présente sur les tables françaises.

🍎 **Biscuit.** L'origine du biscuit date du Moyen Âge. Les marins partaient en mer avec farine, eau et œufs. La légende veut qu'ils aient eu pour habitude de mélanger ces trois ingrédients et de les cuire directement sur le bateau. Pour que ces gâteaux résistent aux intempéries, ils étaient *biscoctus,* c'est-à-dire bis-cuits, cuits deux fois, ainsi déshydratés et facilement conservables. Si bien qu'on a retrouvé un biscuit de l'expédition du grand explorateur sir Ernest Shackelton (1874-1922), disparu au pôle Sud, vendu aux enchères chez Christie's en 2000 pour la modique somme de... 6 662 euros !

« Comment voulez-vous gouverner un pays où il existe 246 variétés de fromage ? » Charles de Gaulle (1890-1970).

🍎 **Manger du singe.** Dans les boyaux de la Grande Guerre, les repas sont souvent servis froids. Les colis envoyés par les familles permettent de varier les rations avec le corned-beef, appelé le « singe ».

✦ Quels sont les fromages préférés des Français ?

1. L'emmental
2. Le camembert
3. Le coulommiers
4. Le comté
5. La raclette
6. Le saint-paulin
7. Le brie, ancien n° 1 à l'époque napoléonienne !

(D'après le relevé des achats des ménages pour l'année 2006, www.cidilait.com.)

> « Un repas sans fromage est une belle
> à qui il manque un œil. »
> Brillat-Savarin (1755-1826), *La Physiologie du goût.*

Habitat,
vie domestique
et art de vivre

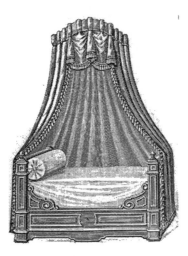

« Si l'on bâtissait la maison du bonheur,
la plus grande pièce serait la salle d'attente. »
Jules Renard, *Journal.*

❧ Prenez deux silex, frottez avec un peu de sulfure de fer et vous avez **le premier briquet de l'histoire** ! Telle est la technique au Paléolithique pour allumer le feu. À la même époque, le frottement continu et régulier de deux morceaux de bois provoque aussi l'arrivée d'une flamme. C'est le début de la vie domestique.

❧ Les peaux de bêtes à l'époque préhistorique sont cousues entre elles grâce à des aiguilles, obtenues à partir d'os d'animaux (souvent des os d'oiseaux). Le chas était percé grâce à un silex finement taillé. La fourrure demeure jusqu'à aujourd'hui un vêtement protecteur, matérialisant la richesse et le pouvoir de son propriétaire.

❧ **Poignée de main** : geste masculin, de la main droite, autrefois exécuté par les hommes pour assurer la personne visitée que la main susdite n'était point **armée.**

❧ **Pendaison de crémaillère.** La crémaillère était autrefois une longue tige de métal crantée, placée notamment dans la cheminée. On y accrochait les marmites par leurs anses pour cuisiner à bonne distance au-dessus de l'âtre. La cheminée représentait dans les foyers français le cœur de la maisonnée. Y installer la crémaillère et faire mitonner le premier plat de la famille au temps médiévaux équivalait à célébrer la fin des travaux et le début de la vie domestique du foyer. Si l'on a de moins en moins de crémaillères dans les cheminées, la tradition est restée et fêter l'arrivée dans une habitation permet toujours de passer une bonne soirée !

✦ **Le bahut** apparaît dans les châteaux forts du Moyen Âge. C'est un grand coffre où l'on range vêtements et vaisselle. « Bahut » est aussi l'expression communément acceptée pour définir le lycée. De là à croire que le lycée a été, est et sera une sorte de coffre clos, il n'y a qu'un pas que les hasards de la langue française ont aisément franchi !

✦ **« Mettre la table »**, une expression qui perdure avec le temps... Dans les donjons des seigneurs médiévaux, on installait la table à la dernière minute, sur quelques planches de bois et des tréteaux. C'est ainsi que l'expression enrichit le vocabulaire du quotidien.

✦ **Tranche de vie médiévale.** Sur les tables seigneuriales médiévales, on mange les plats servis sur le tailloire, plaque en bois sur laquelle on dispose le tranchoir, garni de tranches de pain qui s'imprègnent des sauces des viandes et autres mets. Après le repas, les morceaux de pain imbibés sont donnés aux pauvres. On se sert le plus souvent avec les mains, une cuillère tout au plus, dans des écuelles en terre cuite et en étain, petites coupes hémisphériques qu'on plonge dans la marmite ou le chaudron sur les tables les plus modestes, en se partageant un couteau et une grande coupe à boire, appelée « hanap ». On boit alors à la santé de son voisin dans la coupe commune. « À la tienne ! » signifiant alors « à ton tour ».

❧ **Couper sa salade** ne porte pas malheur, contrairement à ce qu'on peut penser. L'habitude de nos grands-mères de ne pas la couper visait tout simplement à ne pas attaquer leurs beaux couverts en argent avec l'acidité des vinaigrettes et autres sauces. C'est pourquoi l'on s'attachait à découper la salade avec les mains avant même de la servir à table et à limiter ainsi par ce geste l'usage des couverts.

❧ **Bien dans son assiette.** De la simple tranche de pain au Moyen Âge au tranchoir en or, argent ou cuivre, en passant par l'écuelle, souvent pour deux ou trois personnes, on en vient à la Renaissance à la fameuse assiette sur la table, en complément de la cuillère. L'assiette se généralise à tout le royaume français sous Louis XIV. Le couteau entre aussi en scène, il est pointu et sert à se curer les dents. Richelieu, que cette pratique dégoûtait, exigera qu'on l'arrondisse.

❧ **À Paris, au XVIᵉ siècle,** la ville est sombre. Aussi est-il demandé d'accrocher lanterne à sa porte et, au-dessous, un seau d'eau, en cas d'incendie. Un nouveau métier voit le jour : **l'allumeur de réverbères.** Ou plutôt les allumeurs ! Ils sont deux : l'un, suspendu à une corde, décroche la lanterne tandis que l'autre allume la chandelle. En 1667, on compte 6 500 lanternes stables à Paris, éteintes à minuit. Puis viendront les lanternes à huile et les becs de gaz.

❧ **Temps présent.** L'hui d'« aujourd'hui » signifie « en ce jour », en ancien français. « Aujourd'hui » ne fait qu'insister sur l'importance du jour présent. Inverse d'hui : hier.

❧ **Couche,** matelas, plumard, litière, paillasse, pieu, couchette, paddock, pieutard, châlit, lit à barreaux, lit pliable, grabat, alcôve, bat-flanc, waterbed, lits superposés, lit à baldaquin, lit-cage, cosy, canapé-lit. Les premiers lits ne sont que paille à même le sol, vestiges des couches romaines. Vers le XIe siècle, tout le monde dort dans le même lit. C'est un lit en bois, un lit-caisse, avec sa paillasse, recouvert d'un sac de laine, de coton ou de lin. On s'y couche nu, un bonnet de nuit sur la tête, et on s'y endort serrés les uns contre les autres. Pour se couvrir, une couette en plumes et un drap par-dessus. Les plus modestes dorment tout habillés sur des paillasses en crin emplies de sciure de bois, de blé ou de fougères, près de l'âtre. On dort également assis, par crainte de la mort. Les sommiers arrivent après la Révolution française. Simples treillis de bois, ils se généralisent en métal avec le nouveau siècle. Le matelas est en laine ou en crin, chaque année ou presque un matelassier vient le recarder. Les couples s'y lovent désormais tendrement, sous force couettes en plumes, édredons et oreillers moelleux.

◆ À raison de 8 heures de sommeil par nuit et d'une espérance de vie de 77 ans pour les hommes et 84 ans pour les femmes (Insee 2006), un homme passe plus de 25 ans dans son lit et une femme 28 !

◆ Sarah Bernhardt (1844-1923) avait coutume de dormir dans un cercueil à côté de son lit, pour s'y habituer, plaisantait-elle, mais aussi pour en profiter, vu l'argent que cela coûtait !

◆ **Verres Duralex.** Si le numéro au fond du verre a provoqué de nombreux délires de cantines chez les écoliers, il n'était que... le numéro du moule avec lequel les verres étaient fabriqués.

◆ **Boum !** Ordre est donné dans les masures de France de gratter les celliers au lendemain de la Révolution et d'en recueillir le salpêtre, appelé aussi le « sang du dragon », pour confectionner de la poudre à canon avec du soufre et du charbon de bois, une invention chinoise du VIIe siècle.

◆ **Les pots-pourris envahissent la maison !** À l'heure où les boutiques de senteurs se multiplient, reste la possibilité de perpétuer une tradition ancienne, le pot-pourri ! Cette habitude qui aurait vu le jour au XIIIe siècle, rapidement abandonnée en France, perdurera en Angleterre. Il existe pourtant une particularité du pot-pourri à la française. Si l'anglais diffuse une odeur de fleurs déjà séchées, le pot-pourri français diffuse l'odeur des fleurs fermentées. À vous de jouer !

Pour un pot-pourri à la française

Composition
Un pot bien hermétique
Du gros sel
Des pétales de fleurs (roses, jasmin, œillets)
Verveine, marjolaine, menthe
Grains de poivre, clous de girofle, anis étoilé,
bâtonnets de cannelle
Pelures d'agrumes
1/2 tasse de cassonade
De la poudre d'iris

Cueillir les fleurs au matin, bien sèches. Déposer le mélange dans le pot par strates séparées de gros sel. Laisser reposer 1 mois en comprimant l'ensemble. Bien fermer le pot. Au bout de 1 mois, briser l'ensemble compact obtenu, raviver les huiles essentielles en aspergeant de quelques gouttes d'eau-de-vie. Disposez votre composition où bon vous semble. À vous les senteurs !

✦ **Le jeu n'en vaut pas la chandelle.** Avant le XIXᵉ siècle, pour s'éclairer, il est d'usage d'utiliser une chandelle. En suif, en cire ou encore en cire d'abeille, elle vient de la ville algérienne de... Bougie (*Bgayet* ou *Bejaia*). Mais d'où provient ladite expression ? Les joueurs avaient coutume de participer à l'achat des chandelles de la maisonnée lorsqu'ils étaient invités à jouer, en donnant quelques pièces de monnaie à la maîtresse de maison. Parfois, cette somme était insuffisante pour couvrir les frais d'éclairage... d'où l'expression ! Toujours à la nuit tombée, les maîtres du Moyen Âge employaient leurs ouvriers de façon clandestine : ainsi les faisaient-ils « travailler au noir ».

Animaux

« C'est une lâche ambition de vouloir tirer gloire
de son oisiveté et de sa cachette.
Il faut faire comme les animaux
qui effacent la trace à la porte de leur tanière. »
Michel de Montaigne (1533-1592), *Essais*.

Toutou ou matou ? Au Top 5 du classement des animaux préférés des Français (Ipsos), les toutous ont la faveur de 56 % des personnes interrogées contre 44 % aux matous. Les femmes, les personnes âgées et les ruraux préfèrent clairement les félins. Viennent ensuite le cheval (33 %), le dauphin (25 %) et l'écureuil (12 %). Bizarrement, les NAC (nouveaux animaux de compagnie) occupent les dernières places de ce classement : furet (2 %), cochon d'Inde, hamster et rat (1 %).

Les chiens sont-ils toqués ? Votre chien se mord la queue ? aboie après son ombre ? Et si votre chien était pris de TOC, troubles obsessionnels compulsifs ? Telle est l'analyse des vétérinaires australiens, recensant depuis quelques années 3 à 6 % de leurs patients chiens sujets à ces lubies. Les chiens de nos sociétés modernes seraient paraît-il trop stressés. Rendez-lui sa balle !

Pourquoi les corbeaux sont-ils tous lâches ? La légende de ce trait de caractère peu glorieux remonte à bien longtemps. Dans la mythologie, le dieu Apollon est uni à la belle Coronis, une humaine, terriblement humaine. Elle cède aux charmes d'un autre mortel, Ischys, dont elle tombe enceinte, et met au monde Esculape, dieu romain de la médecine. Un corbeau, alors blanc, dénonce l'adultère de Coronis. Le traître ! Apollon se venge, tue Coronis qui, avant de mourir, met au monde Esculape. Pour vengeance éternelle, Apollon donne aux corbeaux le plumage noir qui les caractérise et leurs attributs d'oiseaux de mauvais augure. L'expression fait long feu avec une étrange affaire de lettres anonymes à Tulle et surtout le film d'Henri-Georges Clouzot, *Le Corbeau* (1943), qui retrace l'ambiance délétère qui régnait sous l'Occupation ; ainsi artistiquement célébrée, elle est définitivement adoptée.

♦ **Les serpents ont-ils des ailes ?** Le cerf-volant marque le retour du printemps. *Kite*, pour les Anglais, *aquilone* en Italie ou *cometa* pour les Espagnols, cet instrument de jeu, inventé par Archytas de Tarente (430-360 av. J.-C.), serait apparu en France très tardivement. Réalisé avec des plumes, puis en papier tendu sur une armature en bois, il est relié à une corde. Si elle casse, c'est signe de grand malheur. Le cerf-volant symbolise aussi, au printemps, la fin des maladies qui s'envolent définitivement dans les airs, sur fond de ciel bleu purificateur. Il prend les traits des aigles, des dragons, des serpents, bref, les traits du mal qui s'éloigne, loin, loin... Quel rapport avec cet étrange scarabée éponyme capable de voler et doté de cornes ? Aucun, a priori. Si ce n'est sa forme. Les mandibules de ce coléoptère, qui auraient tout des bois du cerf, du moins dans leur forme, rappelleraient les formes du jouet à l'origine. Peut-être. À moins qu'une déformation de langage n'ait eu lieu. Le *Dictionnaire culturel en langue française* (Éd. Le Robert) évoque un « serpent-volant » dont « cerf-volant » serait l'altération en occitan ou en italien. En effet, les premiers cerfs-volants représentaient des dragons ou des serpents. La boucle est bouclée. Ou comment le serpent-volant s'est transformé en un joli insecte.

✦ **Les baleines aiment-elles la pluie ?** Si les baleines sont de gros mammifères, ce sont aussi les armatures des parapluies. Mais aussi des parasols et des corsets de ces dames d'antan. Masochistes et coquines alors ? Ces armatures étaient autrefois faites à partir des fanons de baleines, ces filtres en corne et à poils accrochés aux mâchoires des mammifères, permettant de capturer le plancton. Heureusement, les matières plastiques et métalliques, notamment grâce aux usines Peugeot (voir « Silhouette au pied de la lettre » p. 87) ont mis fin à l'utilisation de l'animal aujourd'hui protégé.

◆ **Les chevaux sont-ils de gauche ?** On monte traditionnellement les chevaux du côté gauche, à cause d'un geste
oublié, celui de la défense au temps des chevaliers ! Ces
derniers portaient leurs épées à gauche pour dégainer de
la main droite en cas d'attaque. C'est pourquoi il était
plus aisé de plier la jambe droite en montant le cheval
par la gauche. De plus, en Angleterre, les cavaliers préfé-
raient se tenir du côté gauche de la chaussée. Habitude qui
perdure encore en voiture, qui explique aussi pourquoi les
Anglais roulent encore à gauche de nos jours. Élémentaire,
mon cher Watson !

◆ **Les cafards sont-ils poètes ?**

((Parfois il prend, sachant mon grand amour
     de l'Art,
La forme de la plus séduisante des femmes,
Et, sous de spécieux prétextes de cafard,
Accoutume ma lèvre à des philtres
     infâmes. »

L'expression « avoir le cafard » viendrait de ce poème de
Baudelaire où il compare les cafards au démon dans *La
Destruction*. Les cafards servaient autrefois à parler de ces
bigots lâches du XVIᵉ siècle, de l'arabe *kâfir*, « infidèle ».
Que l'on retrouve d'ailleurs au XXᵉ siècle dans la chanson

de Georges Brassens, *Oncle Archibald* : « Ô vous les arracheurs de dents, tous les cafards, les charlatans, les prophètes... »

Par extension, le délateur, celui qui dénonce, cafarde. Et le rapport avec la petite *blatta orientalis* dans tout ça ? Sa couleur, ses déplacements nocturnes, sa façon de grouiller ont fait le reste... rappelant les faits et gestes hypocrites de ces zélés dénonciateurs. « Avoir le cafard », c'est se sentir lâche, bassement humain, trop humain, source de désespoir et de mélancolie, sentiment terriblement familier à Baudelaire.

🌑 **Les lapins ne font-ils aucun cas de la ponctualité ?**
« Poser un lapin » date du XIXᵉ siècle. Ainsi nommait-on le client qui ne payait pas sa prostituée. L'expression s'est étendue aux rendez-vous galants non honorés. Le pauvre animal n'a donc rien à voir avec cet acte de pure goujaterie ! En Chine, on lâche un pigeon et, aux Pays-Bas, on envoie son chat.

🌑 **L'utilisation des chiens pour aveugles se** développe après la Première Guerre mondiale. Il faut attendre Paul Corteville, en 1951, en France, pour créer les centres de dressage et la Fédération nationale des clubs et écoles de chiens guides d'aveugles (FNCEGA). Le premier chien d'aveugle s'appelait Dicky.

Les petits mystères de Maître Albert

— Dénicher un nid de chouettes amène, à celui
qui a été assez imprudent pour le faire,
de grands malheurs et de graves blessures.

— Tuer ou noyer des petits chats n'a pas
de conséquence. Détruire un chat adulte porte
malheur.

— La personne autour de laquelle vole une
chauve-souris, en ayant l'air de la poursuivre,
apprendra une mort.

— Quand on voit une araignée, le matin, c'est
signe de chagrin ; à midi signe de souci ;
le tantôt signe de cadeaux et le soir signe
d'espoir. Dans les deux premiers cas, il faut
la tuer.

— Quand les grenouilles chantent, c'est
l'annonce de la pluie.

— Quand on rencontre un chien suivant
tranquillement son chemin, la queue en trompette,
c'est le signe qu'une âme du purgatoire
demande une prière pour entrer au paradis.

— Quand, en fauchant, on coupe en deux
un reptile, couleuvre, aspic ou vipère, c'est
un signe de chance.

Comptines

Il court, il court, le furet

Refrain
Il court, il court, le furet
Le furet du bois, mesdames
Il court, il court, le furet
Le furet du bois joli.

Il est passé par ici
Le furet du bois, mesdames
Il est passé par ici
Le furet du bois joli.

Refrain

Il repassera par là
Le furet du bois, mesdames
Devinez s'il est ici
Le furet du bois joli.

Refrain

Le furet est bien caché
Le furet du bois, mesdames
Pourras-tu le retrouver ?
Le furet du bois joli.

Sac à furet,
utilisé pour la chasse.
*Catalogue de la manufacture
d'armes et de cycles
de Saint-Étienne*, 1928.

La mère Michel (1820)

C'est la mèr' Michel qui a perdu son chat
Qui crie par la fenêtr' à qui le lui rendra
C'est le pèr' Lustucru qui lui a répondu :
Allez, la mèr' Michel, vot' chat n'est pas perdu.

Refrain :
Sur l'air du tralala *(bis)*
Sur l'air du tradéridéra,
Et tralala.

C'est la mèr' Michel qui lui a demandé :
Mon chat n'est pas perdu, vous l'avez donc trouvé
C'est le pèr' Lustucru qui lui a répondu :
Donnez une récompense, il vous sera rendu.

C'est la mèr' Michel qui dit : C'est décidé,
Rendez-moi donc mon chat, vous aurez un baiser
Mais le pèr' Lustucru qui n'en a pas voulu
Lui dit : Pour un lapin, votre chat est vendu.

❧ **Maneki Neko** est un chat porte-bonheur japonais, que l'on trouve dans les restaurants ou aux caisses des supermarchés. *Neko* signifie « chat », *maneki*, de *maneku*, « inviter ». Ce petit chat, souvent tricolore, lève la patte au niveau de son oreille. En Chine, il est souvent doré. Il indique soit la prospérité (patte droite levée), soit la félicité (patte gauche levée, comme sur notre illustration). Il rappelle en cela les présages annoncés par les chats qui souvent se frottent le museau dès qu'un événement survient.

❧ **Les chats sont-ils éternels ?** Les chats auraient été domestiqués par les Égyptiens. À moins que... Des fouilles er 2001 à Chypre ont permis de mettre au jour des crânes de félins, repoussant la domestication de l'animal à 7 000 ans av. J.-C.

◆ **« Crache trois fois dans la gueule d'une grenouille et tu ne tomberas pas enceinte ! »** Les femmes stériles font souvent appel à la grenouille. L'animal semble doté de pouvoirs magiques propres aux entrailles et au cœur de la terre, le centre de la maternité.

◆ **Aux animaux, la patrie reconnaissante.** « 1939-1945. Certificat de mérite décerné au nom du gouvernement de Sa Majesté britannique en hommage aux actions courageuses de ceux qui, vivant sous l'Occupation, ont transmis aux Forces armées des informations sur l'ennemi par pigeon voyageur. Le Royaume-Uni reconnaissant. » Telle est l'indication donnée sur un monument d'un genre nouveau en bordure de Hyde Park, célèbre parc de Londres, en l'honneur de ces héros inconnus des guerres. Pour inaugurer le mémorial, Buster officia – un épagneul de 5 ans qui « fit » la guerre du Golfe !

◆ **Voir des corneilles, est-ce si fatigant ?** « Bayer aux corneilles » (et non pas bailler : donner), c'est ouvrir la bouche démesurément vers des objets de peu d'importance, les corneilles. Ce sens daterait du XVIe siècle. La corneille désigne alors aussi bien le passereau qui craille que les fleurs du cornouiller, arbre dur comme de la corne. Au Québec, on ne baye pas, on compte les mouches.

Le Loup, la Chèvre et le Chevreau

Livre IV · Fable 15

La bique allant remplir sa traînante mamelle,
Et paître l'herbe nouvelle,
Ferma sa porte au loquet,
Non sans dire à son biquet :
« Gardez-vous, sur votre vie,
D'ouvrir que l'on ne vous die,
Pour enseigne et mot du guet :
"Foin du loup et de sa race !" »
Comme elle disait ces mots,
Le loup de fortune passe ;
Il les recueille à propos,
Et les garde en sa mémoire.
La bique, comme on peut croire,
N'avait pas vu le glouton.
Dès qu'il la voit partie, il contrefait son ton,
Et d'une voix papelarde
Il demande qu'on ouvre en disant : « Foin du loup ! »
Et croyant entrer tout d'un coup.
Le biquet soupçonneux par la fente regarde :
« **Montrez-moi patte blanche,** ou je n'ouvrirai point »,
S'écria-t-il d'abord. (Patte blanche est un point
Chez les loups, comme on sait, rarement en usage.)
Celui-ci, fort surpris d'entendre ce langage,
Comme il était venu s'en retourna chez soi.

Où serait le biquet s'il eût ajouté foi
Au mot du guet que de fortune
Notre loup avait entendu ?

Deux sûretés valent mieux qu'une,
Et le trop en cela ne fut jamais perdu.

De cette fable de Jean de La Fontaine viendrait l'expression « montrer patte blanche ». Nombreuses sont ses fables qui entérinent le sens populaire de nombreuses expressions, comme « vendre la peau de l'ours avant de l'avoir tué », dans *L'Ours et les deux compagnons*. Mais c'est dans *Khalila et Dimna* (Éd. Albin Michel, 2006), un recueil de fables indiennes du VIe siècle, où évoluaient des animaux, que La Fontaine puisa en partie son inspiration, ainsi que dans l'œuvre du poète grec Ésope (VIIe-VIe siècle av. J.-C.).

🐓 **Le coq est-il français ?** Le coq est le symbole français par excellence. Le mot « gaulois » ne vient-il pas du latin *gallinae*, ces gallinacées, poules et coqs qui s'agitaient au passage des guerriers et qui annonçaient leur venue dans les villages ? Le rapprochement entre ces barbares effrayants et l'animal était fait. Le coq marque l'esprit de résistance français. Il est communément symbole de lumière, tel Chantecler dans le *Roman de Renart*.

Henri IV reconnaît le volatile comme symbole du peuple français en 1601, la Révolution accentuera ce rapprochement encore. Sous Louis-Philippe, au XIXe, le coq illustre l'ensemble des drapeaux français.

🦅 **La police aime-t-elle les volailles ?** On a coutume de désigner les agents de police par le surnom de « poulets ». Cela remonte à 1871, quand Jules Ferry proposa à la préfecture de police d'installer ses nouveaux locaux sur l'île de la Cité, précisément là où se tenait l'ancien marché... aux volailles !

🦅 **Les serpents sont-ils pharmaciens ?** Sur les enseignes de pharmaciens figure un serpent enroulé autour d'une coupe, celle d'Hygie (fille d'Esculape), où les serpents crachent leur venin pour soigner. Le serpent représente le savoir et le remède pour guérir. La légende remonte à Esculape, premier médecin. Voyageant muni de son bâton de voyageur, Esculape fut attaqué par un serpent sorti de la terre, qui s'enroula autour de son bâton. Esculape frappa, tua la bête. Aussitôt, un deuxième serpent surgit des entrailles souterraines, une herbe en bouche qui redonna vie au premier animal. Esculape saisit la force et le pouvoir des herbes et du reptile. Il est sacré, riche des connaissances interdites et fréquente la mort. Il peut donc connaître les remèdes.

Fêtes et jours fériés

« Quand Noël est étoilé
Force paille guère de blé. »

❦ **La bûche de Noël**, *Christbrand* (Allemagne), *œppo* (Italie), chuquet (Normandie), cosse (Berry)... Autant d'expressions d'Europe et de France pour dénommer la traditionnelle bûche de Noël qui était, à l'origine, une véritable bûche, souvent de sapin, choisie par le père de la famille, bénie, mise au cœur de l'âtre par le plus jeune ou l'aïeul, toute décorée de rubans et de fleurs, de miel ou d'huile. Cette bûche accompagnait la veillée et devait – au mieux – durer les 12 jours séparant Noël de l'Épiphanie. Une bûche énorme si l'on y songe ! Aujourd'hui, étrangement, les bûches sont davantage glacées que brûlées...

❦ **Mon beau sapin.** Le sapin a longtemps été considéré comme l'arbre du Christ, il représente l'arbre du jardin d'Éden. On avait coutume d'y suspendre des pommes, symbole du péché, et d'y accrocher au sommet l'étoile de Bethléem, pour que les Rois mages trouvent la direction de la crèche du petit Jésus. Il faut attendre le XVIIIᵉ siècle et Marie Leszczynska, la femme de Louis XV, pour que le sapin de Noël fasse son entrée dans les foyers français. Les premières boules de Noël seraient nées en Moselle.

« Vent qui souffle
à la sortie de la messe de minuit
Dominera l'an qui suit. »

🌢 **Devinette.** Je suis un ancêtre connu de saint Nicolas, le saint évêque de Myre (Lycie, Asie Mineure, première moitié du IVe siècle). Ma cote est très élevée dans les traditions du nord et de l'est de la France, ainsi qu'en Belgique. Je me déplace à dos d'âne (IVe siècle), dans les airs (1809), et en carriole avec huit rennes et des lutins (1823), ce qui n'est pas loin de ressembler à un joli miracle. Je voyage sous divers pseudonymes : Sinter Klaas aux Pays-Bas ou Santa Claus aux États-Unis. Je compte pas mal d'amis et d'alliés dans mes tâches annuelles : Dame Perchta, Hans Trapp, Frau Hollé, Zwarte Piet, le Père Fouettard, ainsi que les lutins. Sans compter les nombreux enfants qui me nourrissent en verres de lait et tasses de café ! On me représente à l'origine coiffé d'une mitre d'évêque, avec un long manteau. À partir de 1885, on me colle une barbe blanche et des rennes. Depuis 1935, je porte une tenue rouge sous le coup de crayon d'Haddon Sundblom, dessinateur pour la marque Coca-Cola. J'adore distribuer des cadeaux dans les cheminées aux enfants le soir de Noël, pour les plus gentils d'entre eux. Parmi les miracles, mis à part passer dans la cheminée malgré mes rondeurs, j'ai disparu durant la Réforme protestante du XVIe siècle, avant de réapparaître tout bonnement de l'autre côté de l'Atlantique à la même époque. Chaque année en France, on m'attend avec impatience le 24 décembre au soir ou le 25 au matin. Qui suis-je ?

✦ **Lendemains de fête.** Dur ! Dur ! Gueules de bois, excès en tous genres... Avant, pendant et après les fêtes, buvez chaque jour une tasse d'infusion de feuilles de chicorée, de millepertuis, de menthe et de camomille. Faites bouillir 2 minutes, laissez infuser une dizaine de minutes, filtrez. Et buvez ! Il n'y paraîtra (presque) plus rien.

✦ **Les santons de la crèche** seraient la création de saint François d'Assise, lors d'une veillée de Noël, à Greccio. Les franciscains auraient ensuite perpétué l'œuvre du saint. La plus ancienne crèche d'église connue aujourd'hui date de 1562 et aurait été installée à Prague. La religion, à l'heure de la Contre-Réforme, paraît ainsi moins triste. Au XVIIIe siècle, les crèches sont en bois sculpté, puis en verre filé ou en cire, voire en mie de pain. En Provence apparaissent de petits personnages en argile, les fameux santons (de *santoun*, « petit saint »). La première crèche avec santons serait l'œuvre du potier Lagnel, en 1830, à Marseille. Tout autour de Jésus, des personnages typiques, comme la lavandière, le rémouleur, le ravi. Manque plus que le mistouflon ! Les mystères de la création paraissent tout d'un coup bien plus accessibles.

Les treize desserts

Dans les traditions provençales de Noël, les desserts sont au nombre de treize comme les convives de la Cène (Jésus et ses douze apôtres). Ce sont :

Le gibassié, ou pompe de Noël
Les calissons d'Aix
Le nougat blanc – le nougat noir
Les fruits confits ou le nougat aux fruits confits
La pâte de coing
Le melon verdan
Le raisin blanc
Les oranges
Les dattes – Les figues sèches – Les raisins secs
Les trois mendiants (noix, noisettes, amandes).

❦ **Des cadeaux par milliers.** « Et entrés dans la maison, ils virent l'enfant avec Marie sa mère, et tombèrent, prosternés devant lui. Et, ouvrant leurs trésors, ils lui offrirent en dons de l'or, de l'encens et de la myrrhe. Et, avertis en songe de ne pas retourner vers Hérode, c'est par un autre chemin qu'ils retournèrent dans leur pays » (Mt II, 11-13). L'Épiphanie, c'est l'apparition d'un astre aux Mages astronomes Gaspard, Melchior et Balthazar qui vinrent adorer le roi des Juifs. S'offrir des cadeaux remonte à ce geste des Mages. Une nouvelle étoile était née.

« Les jours entre Noël et les Rois
Indiquent le temps des douze mois. »

❧ La tradition des **cartes de vœux** vient de Chine. Les cartes de vœux étaient constituées de grandes feuilles de papier de riz. Leur taille variait en fonction de l'importance des personnes à qui vous les adressiez. Plus vous étiez important, plus elle était grande, parfois même aussi grande qu'une table de ping-pong ! La carte de vœux en papier telle que nous la connaissons apparaît sous Louis XIV.

« Citoyens ! Assez d'hypocrisie !
Tout le monde sait que le Jour de l'an
est un jour de fausses démonstrations,
de frivoles cliquetis de joues,
de fatigantes et avilissantes courbettes. »
Député La Bletterie, à la Convention. Les vœux
de bonne année seront interdits de 1790 à 1797.

Par ici la galette !

❧ La galette des rois tire son nom de sa forme ronde et aplatie proche du galet. Pour rappeler la visite des Rois mages à l'enfant Jésus, il est coutume de manger une galette (de pain à l'origine), partagée entre les siens, symbole du partage du pain biblique, lors de la fête de l'Épiphanie (qui signifie « manifestation » en grec). Sa date fut fixée au 6 janvier par le Concordat de 1801. Toutefois, cette fête rappelle les Saturnales, fêtes païennes romaines, où l'on faisait bombance avec gourmandise. Une tradition perpétuée en découpant une galette des rois, à base de pâte feuilletée. Il existe de nombreuses variantes suivant les régions. Dans le sud de la France et en Aquitaine, on parle de gâteau des rois, à savoir une brioche couverte de sucre et de fruits confits en forme de couronne. Cette tradition du Sud serait aussi un rappel du versement annuel de l'impôt, en début d'année, à son seigneur, à qui l'on offrait ce fameux gâteau.

✦ **D'où viennent les fèves dans les galettes des rois ?** Les fèves dans les galettes des rois sont là pour rappeler l'esprit de fête de cette célébration. La fève servait autrefois de jeton de vote au cours des grandes fêtes romaines et païennes, les Saturnales, où l'on élisait le roi des banquets. Tout un chacun, de l'esclave au roi, pouvait être désigné roi d'un jour. La galette des rois faillit disparaître avec la Révolution. Mais la tradition perdura. Progressivement, les fèves ont été remplacées par des figurines.

✦ **Fabophile :** collectionneur de fèves de galettes des rois.

> De Saint-Paul (26 janvier) la claire
> journée nous dénote une bonne
> année. S'il fait vent nous aurons
> la guerre ; s'il neige ou pleut, cherté
> sur terre. Si on voit fort épais
> brouillard, mortalité de toutes parts. »

❧ « Moi, ce que j'aime à la Chandeleur, c'est les crêpes ! »
(Éthel, 5 ans et demi). La Chandeleur (2 février) est la fête
des chandelles. On célèbre la lumière et Jésus présenté au
temple. Des torches et des cierges sont allumés en l'église.
Après la chute de l'Empire romain, l'Église réorganisa les
anciennes fêtes païennes, dont les Lupercales, fameuses
fêtes de la lumière et de la fertilité. La lumière des cierges
repousse les mauvais sorts de l'hiver et les maladies (et
l'odeur des crêpes !). On invoque ainsi les futures récol-
tes, les bonnes moissons et les richesses à venir. Ce qui s'exprime à travers la crêpe, forme ronde parfaite, disque
solaire, symbole de lumière, qu'on cuisine à foison avec
les dernières mesures de farine des dernières moissons.

> À la Chandeleur s'il fait beau
> Le vin sera comme de l'eau. »

🟣 **Triskaidékaphobie** : peur du vendredi 13. En Espagne on craint davantage le mardi 13, en Italie le chiffre 17, et c'est le 4 qui effraie les Asiatiques. En japonais, « quatre » se dit aussi... « mort » ! Tout n'est finalement qu'une question de point de vue et de boussole !

🟣 Pour les catholiques, **Mardi gras** est le jour avant le mercredi des Cendres, marquant le début du Carême et ses nombreuses privations (ne pas manger d'œufs, de viande ou de beurre, remplacé alors par l'huile). Pour Mardi gras, on fait donc ripaille, les festivals et les carnavals se multiplient. Tout le monde se déguise. Le travestissement efface les frontières sociales. Les masques cachent la réalité. Le carnaval le plus populaire reste le carnaval de Venise, avec celui de Dunkerque et ses Géants.

> Si le temps est serein le lendemain de la Saint-Blaise (3 février), l'année sera fertile. S'il neige ou pleut, les récoltes seront mauvaises ; s'il y a du brouillard, la mortalité sera grande. »

Saint Valentin, Cupidon décapité ?

🟣 Dans l'histoire romaine, la mi-février est associée aux Lupercales, fêtes célébrant Faunus Lupercus, le dieu de la lumière, de la fertilité et des troupeaux de chèvres. Ainsi au cours des libations, les prêtres romains sacrifiaient des chèvres et couraient avec leurs peaux à travers le village. Les jeunes femmes avaient pour mission de s'y frotter, gage d'abondance ! Quant à saint Valentin, évêque de Terni, en Ombrie, prêtre de l'église au IIIe siècle, son sort n'a apparemment rien à voir avec les manifestations amoureuses du 14 février... Propageant la foi de Dieu au milieu des Romains, il rendit la vue à la fille de son opposant principal. Ce qui ne l'empêcha pas de mourir décapité ! Valentin ou les hasards du choix de la date, fixée par le pape Gélase Ier en 498.

♣ « **Lovapalooza** », tel est le nom du festival de baisers organisé depuis 2004 chaque année à Manille, pour la Saint-Valentin. Lors de la 2e édition, 5 300 couples s'embrassèrent alors plus de 10 secondes au moins, battant le précédent record détenu par le Chili : 4 445 couples !

♣ **Pour le 1er mai**, sous l'Ancien Régime, les hommes placent au seuil des maisons des jeunes femmes célibataires un bouquet de fleurs dès potron-minet. Les plus laides recevaient un bouquet... de ronces ou d'orties !

Loisirs

« S'il est chose au monde à laquelle
un galant homme se doive de bon cœur
accommoder, ce sont les loisirs. »
Michel de Montaigne (1533-1592), *Essais.*

❧ **En avant la musique !** On joue de la flûte à l'époque préhistorique, obtenue grâce aux longs os d'oiseaux, patiemment évidés avec des pierres finement taillées. À l'époque mérovingienne, la harpe figure au rang des instruments préférés des Français.

❧ **Dansez maintenant.** Les danses au Moyen Âge ont beaucoup d'importance pour toutes les couches de la population. Les principales sont la carole, une danse chantée en ronde, la main dans la main, la tresque, exécutée en chaîne, l'estampie, où l'on tape du pied en rythme, la saltarelle, marquée par des suites de sauts, et la basse danse, en couple et plus lente. Avant de découvrir au XVIᵉ siècle la funeste danse macabre ! Sous Napoléon, autres temps, autres mœurs : la basse frange du peuple s'exerce à la branle, à la gavotte ou au boléro. La bamboula, nouvelle danse à la mode, déchaîne les passions. Quand ce n'est pas la valse qui, venue d'outre-Rhin, commence à faire déjà beaucoup parler d'elle...

◆ **Le jeu d'échecs (d'eschets)** demeure le loisir principal des aristocrates médiévaux. Au XIIIe siècle, il est de bon ton d'en apprendre les règles. Particularité de l'époque : on ne trouve ni reine ni fou sur l'échiquier. Ils n'apparaîtront qu'au XVe siècle. Jouer aux dés reste l'apanage des joueurs des tripots et tavernes médiévaux. Les façons de tromper le cornet également !

◆ Au XIVe siècle, le seigneur n'a qu'une passion : son faucon. Il joue avec lui, décore le gant qui le supporte de fils d'or et s'élance dans ses champs pour des parties de chasse interminables, malgré les critiques des clercs de l'époque : autant de temps perdu pour la prière ! D'autres chasses ont lieu, notamment la chasse à courre, pour attraper le gros gibier et même des ours !

❧ Avec **l'art des jardins**, au XVIe siècle, dans les demeures nobles, se développe l'art galant, très apprécié des jeunes femmes qui baguenaudent en écoutant leurs soupirants.

Bonjour mon cœur, bonjour ma douce vie.
Bonjour mon œil, bonjour ma chère amie,
Hé ! bonjour ma toute belle,
Ma mignardise, bonjour,
Mes délices, mon amour,
Mon doux printemps, ma douce fleur nouvelle,
Mon doux plaisir, ma douce colombelle,
Mon passereau, ma gente tourterelle,
Bonjour, ma douce rebelle.

Hé ! faudra-t-il que quelqu'un me reproche
Que j'aie vers toi le cœur plus dur que roche
De t'avoir laissée, maîtresse,
Pour aller suivre le Roi,
Mendiant je ne sais quoi
Que le vulgaire appelle une largesse ?
Plutôt périsse honneur, court, et richesse,
Que pour les biens jamais je te relaisse,
Ma douce et belle déesse.

Pierre de Ronsard (1524-1585), *Second livre des Amours.*

❧ Jeu, set et match. Le jeu-phare de la Renaissance dans les milieux aristocrates demeure le jeu de paume, d'abord joué à mains nues par des moines du XIIIe siècle, avec une esteuf, balle de cuir pleine de chaux. Vint ensuite l'usage du gant de cuir, des battoirs en bois, puis des cordages en boyaux de moutons. Ce jeu est l'ancêtre du tennis, du badminton ou encore de la pelote basque.

❧ La première grille de mots croisés est une grille de mots... carrés !

```
S  A  T  O  R
A  R  E  P  O
T  E  N  E  T
O  P  E  R  A
R  O  T  A  S
```

Ce vestige découvert sur le mur d'une maison à Pompéi, donc antérieur à 79 av. J.-C., permet de lire une phrase en latin : *Sator Arepo tenet opera rotas*, signifiant « Le semeur Arepo maintient avec soin sa roue ». Qui est Arepo ?

Mystère. Peut-être fut-il inventé pour l'occasion. L'originalité de cette grille tient à ce qu'elle peut se lire en partant du début, de gauche à droite et de haut en bas. Et en partant de la fin, de droite à gauche et de bas en haut... D'autres interprétations y ont vu un ralliement religieux, via la croix formée par TENET. Mais aussi parce que toutes les lettres utilisées de cette inscription sont celles de *Pater Noster*, complétées par A et O, soit l'alpha et l'oméga, le début et la fin de toute chose... L'ajout de cases noires dans les grilles de mots croisés connues de nous tous n'intervient qu'en 1913, aux États-Unis, grâce à Arthur Wynne dans le journal *The New York World*, et en 1925 en France.

◆ **Qui est qui ?** Les valeurs et figures des cartes à jouer furent décidées en partie en France au XVIe siècle.

Valets : le valet de cœur est Lahire, le compagnon de Jeanne d'Arc ; le valet de carreau est Hector, le héros de la guerre de Troie ; le valet de pique prend les traits d'Ogier, l'un des pairs de Charlemagne ; quant au valet de trèfle, c'est Lancelot, un chevalier de la Table ronde.

– *Reines* : la reine de cœur, c'est Judith, une des héroïnes de la Bible qui connut bien Holopherne ; la dame de carreau est Rachel, autre personnage biblique important ; Pallas, déesse de la guerre, est reine de pique ; Argine, la dame de trèfle, serait l'anagramme de *regina*, « reine ».

– *Rois* : que du beau monde aussi pour les rois, de Charlemagne (roi de cœur) à Jules César (roi de carreau), en passant par le héros de la Bible David (roi de pique) et Alexandre le Grand (roi de trèfle).

♦ **Quand les jeux de cartes jouent le jeu de la propagande révolutionnaire !** Au lendemain de la Révolution, les jeux de cartes occupent toujours autant les joueurs français, dans les tripots, les navires, à la campagne ou dans les garnisons. Mais les cartes à jouer changent de visages et de figures : le roi a pris les traits du génie des sans-culottes ou des grands auteurs de l'époque comme Voltaire ou Rousseau. La reine revêt les atours de la Liberté et des grandes vertus, quand le valet découvre ceux des petits soldats de l'Égalité, du fantassin au palefrenier, en passant par tous les héros du petit peuple.

♦ **La folie du poker !** Les Français s'amusent de ce jeu de cartes, appelé aussi « jeu des tricheurs », ancêtre de la bouillotte ou du brelan, sous Charles IX, appelé aussi *frusso* chez nos amis italiens. Les règles furent toutefois établies par un Américain en 1834.

♦ **Les loteries** existent déjà sous l'Ancien Régime, mais il faut attendre le 7 novembre 1933 pour assister au premier tirage de la Loterie nationale, le fameux Loto, qui vit gagner un coiffeur de Tarascon.

Les petits mystères de Maître Albert

Pour être fortuné dans les jeux d'adresse et de hasard, prenez une anguille morte par faute d'eau, prenez le fiel d'un taureau qui aura été tué par la fureur des chiens, mettez-le dans la peau de cette anguille avec un dragme de sang de vautour, liez la peau d'anguille par les deux bouts avec de la corde de pendu, et mettez cela dans un fumier chaud l'espace de 15 jours, et puis vous le ferez sécher dans un four chauffé avec de la fougère cueillie la veille de la Saint-Jean ; puis vous en ferez un bracelet sur lequel vous écrirez, avec une plume de corbeau et de votre propre sang, ces quatre lettres : H, V, L, Y, et portant ce bracelet autour de votre bras, vous serez fortuné dans tous les jeux.

🕏 C'est dans le *Grand Café* à Paris que sont présentées pour la première fois en 1895 les premières aventures du cinématographe des frères Lumière : le cinéma est né.

🕏 Quels sont les trois films français qui ont le plus marqué les téléspectateurs au XXᵉ siècle ? (TNS-Sofres-Nestlé, février 2000)
La Grande Vadrouille (19 %), *Les Visiteurs* (16 %) et *Le Grand Bleu* (12 %).

🕏 **Top 3 des acteurs français préférés du XXᵉ siècle** (TNS-Sofres-Nestlé, février 2000).
1. Jean Gabin (38 %) ;
2. Gérard Depardieu (35 %) ;
3. Alain Delon (26 %).

🕏 **Top 3 des actrices françaises préférées du XXᵉ siècle** (TNS-Sofres-Nestlé, février 2000).
1. Catherine Deneuve (44 %) ;
2. Sophie Marceau (20 %) ;
3 Simone Signoret (19 %).

🕏 En Europe, **les plus mordus de l'Internet** sont les Hollandais, devant les Danois et les Suédois. Les Français ne sont que 9ᵉ !

♣ Montreur d'animaux. Vieux métier s'il en est, toujours actif au début du XXᵉ siècle. On ne se lasse pas d'admirer l'éléphant venu d'Asie ou le singe d'Afrique contre menue monnaie.

♣ « La preuve que Dieu est l'ami des joueurs de boules, c'est que les feuilles de platane sont proportionnées à la force du soleil. » Marcel Pagnol (1895-1974), *Le Temps des amours.*

La pétanque demeure sans doute le jeu français par excellence. Jeu créé par les Égyptiens, repris par les Grecs qui lançaient des sphéristiques, il est importé en Gaule narbonnaise par les Romains, et remis au goût du jour au début du xxᵉ siècle par Frédéric Mistral, le chantre de la Provence et du jeu de boules *pestanques*, « pieds joints ». On compte aujourd'hui près de 460 000 licenciés en France.

✦ **Vacances, j'oublie tout.** Les Français aujourd'hui partent au moins une fois dans l'année en vacances, pour quatre nuits minimum. Le taux de vacanciers est passé de 43 % en 1964 à près de 65 % en 2004. La moyenne des vacances des Français s'élève à 26 jours par an. La première destination des vacanciers français est... la France (Insee, août 2007) !

✦ **Finies, les veillées autour de la cheminée.** Le nouveau pôle d'attraction de la maison, c'est le poste de télévision. Le 9 février 1949 naît la RTF (Radiodiffusion et télévision française). Pierre Sabbagh présente le premier journal télévisé.

> **La télévision fabrique de l'oubli.**
> **Le cinéma fabrique des souvenirs. »**
> Jean-Luc Godard (1930).

✦ **Le premier Tour de France** commence à Villeneuve-Saint-Georges en 1903 et se termine au parc des Princes le 19 juillet avec la victoire d'un certain Garin. Le sport enflamme les foules au xxᵉ siècle, avec des icônes sportives comme Louison Bobet, Marcel Cerdan ou Roger Mimoun. Au début des années 2000, 70 % des Français affirment faire du sport, on compte plus de 170 associations sportives dans l'Hexagone et 14 millions de licences sportives ont été délivrées en 2004. Le sport a le vent en poupe !

♣ **D'où vient le football ?** Les règles du foot telles qu'on les connaît ont été créées en 1848 à Cambridge (Angleterre). Il faut attendre 1872 pour que le football arrive en France. En 1878, les arbitres utilisent un sifflet pour la première fois et, en 1891, innovation de poids : les filets de buts sont créés ! La première Coupe du monde a lieu en 1930, puis se déroule tous les quatre ans. Mais les vraies origines du football seraient japonaises, avec le jeu du *kemari*, en l'an 587 av. J.-C., où huit joueurs se renvoyaient une balle de chiffon... sans bouger !

◆ **Quelle ressemblance y a-t-il** entre l'Uruguay, l'Italie, l'ex-République fédérale d'Allemagne, l'Argentine et la France ? Tous ont gagné la Coupe du monde de football l'année où ils organisèrent la manifestation.

◆ **Liste des pays organisateurs de la coupe du monde de football,** vainqueurs et finalistes

1930 en Uruguay : Uruguay contre Argentine.

1934 en Italie : Italie contre Tchécoslovaquie.

1938 en France : Italie contre Hongrie.

1950 au Brésil : Uruguay contre Brésil.

1954 en Suisse : République fédérale d'Allemagne (RFA) contre Hongrie.

1958 en Suède : Brésil contre Suède.

1962 au Chili : Brésil contre Tchécoslovaquie.

1966 en Angleterre : Angleterre contre RFA.

1970 au Mexique : Brésil contre Italie.

1974 en RFA : RFA contre Pays-Bas.

1978 en Argentine : Argentine contre Pays-Bas.

1982 en Espagne : Italie contre RFA.

1986 au Mexique : Argentine contre RFA.

1990 en Italie : Allemagne contre Argentine.

1994 aux États-Unis : Brésil contre Italie.

1998 en France : France contre Brésil.

2002 en Corée du Sud : Brésil contre Allemagne.

2006 en Allemagne : Italie contre France.

2010 en Afrique du Sud et 2014 au Brésil. Qui gagnera ?

◆ À Longchamp et à Auteuil, au XIXe siècle, l'hippodrome attire aussi bien pour **les courses de chevaux** que pour son jeu d'élégance, où les belles rivalisent de coquetterie. Et où ces messieurs à gibus ne sont pas en reste ! Les premiers paris sur les hippodromes sont officialisés par la loi de 1891, les Paris mutuels hippodromes sont créés. La fonction première de ces courses et paris était l'amélioration de la race chevaline. Les premiers paris en dehors des champs de courses sont autorisés par la création du Pari mutuel urbain (PMU), en 1931, par Joseph Oller. Le premier tiercé date de 1954.

◆ **Les guinguettes au bord de l'eau** apparaissent fin XIXe, c'est le temps du *Moulin de la Galette*, mis en scène par Renoir. On s'y retrouve le dimanche pour danser entre amis, ouvriers et filles de petite vertu. C'est le temps du « petit vin blanc qu'on boit sous les tonnelles, quand les filles sont belles, du côté de Nogent » (Jean Dréjac, 1943).

Transports et télécommunications

« Une des dispositions constantes de l'homme est de souhaiter être ailleurs que là où il est. »
Jacques Réda.

❦ **La carte postale** fut inventée en Autriche en 1865 et apparut officiellement en France en 1873. Si elle fit plus pour le tourisme que les chemins de fer, selon Georges Duhamel, le phénomène de mode s'accentue avec l'Exposition universelle de 1889. Tout le monde envoie la carte postale de la fameuse tour Eiffel érigée à l'occasion. Depuis, la Tour serait la vue la plus représentée de par le monde sur carte postale. Aujourd'hui les cartes sont davantage virtuelles, via Internet.

❦ **Temps de trajet.** Le prix d'un voyage Paris-Lyon en diligence représente 18 mois de gages d'une servante. En 1870, une diligence vous conduit à Lyon en 100 heures depuis Paris. À la même époque, avec le train, comptez 10 heures. Aujourd'hui, sur la même distance, seulement 2 heures en train et moins de 1 heure en avion sont nécessaires !

❦ **Métropolitain,** *Tub, Stadtbahn, Elevated* **et** *Földalatti.* Paris est la cinquième ville dans le monde en 1898 à avoir un métropolitain après Londres (1863), Berlin (1871), New York (1872) et Budapest (1896). La première station est creusée par Fulgence Bienvenüe (honoré aujourd'hui en la station parisienne Montparnasse-Bienvenüe), à l'emplacement de la station Franklin-Roosevelt, alors station Marbeuf. Cette ligne n° 1 va de Porte-Maillot à Porte-de-Vincennes.

❦ **Allo ou Allô ?** [alo] interj. Interjection conventionnelle servant d'appel dans les communications téléphoniques.

❦ Allô ? Répondre « allô » en français est la traduction du *hello* américain. On raconte que c'est Thomas Edison, l'inventeur du télégraphe et du phonographe (les ancêtres du téléphone !), qui cria ce *hello* au téléphone... pour conjurer le silence à l'autre bout du fil ! C'est Graham Bell qui fut l'inventeur du téléphone, exploité pour la première fois en France en 1879.

Hello (anglais/américain)

もしもし Moshi moshi (japonais)

Alo, merhaba (turc)

آلو (arabe)

Pronto (italien)

Hola (espagnol)

여보세요 (coréen)

алло (russe)

สวัสดีครับ (thaïlandais pour les hommes),
สวัสดีค่ะ (pour les femmes)

Alio (lituanien)

Haloo (finnois)

Daag (néerlandais)

Halo (polonais)

Hallå (suédois)

哈罗，喂，喂! (chinois)

🖋 **Langage des tampons.** Les timbres postaux apparaissent en France à partir de 1849. Le premier timbre, réalisé par Jean-Baptiste Barre, représente Cérès, déesse romaine de l'agriculture et de la République. Il est noir et vaut 20 centimes.

L'affranchissement des lettres est désormais à la charge de l'expéditeur (le destinataire payait autrefois l'envoi une fois la lettre reçue) et le prix calculé selon le poids et non plus selon la distance. Pour éviter la réutilisation des timbres, on les oblitère. Différents tampons marquent l'origine de la lettre. Le tampon à date tel que nous le connaissons avec le nom du bureau de poste apparaît en 1877.

🖋 **Que veut dire « LOL » en langage SMS ?** Les lettres LOL sont les initiales de *Laughing Out Loud*, traduit par MDR pour « Mort De Rire » en français. Ces acronymes ont vu le jour sur les sites de messageries instantanées, mais aussi pour abréger le discours, taper peu et vite sur les petits claviers des téléphones portables.

♦ Keske C ? ou petit lexique à l'usage des textos (ou SMS)

à demain = @2m1
à lundi = @ l'1di
à un de ces quatre = A12C4
apéro = APro
aussi vite que possible = asap
(de l'anglais *as soon as possible*)
avant = av, B4 (*before*)
bientôt = bi1to
bon après-midi = BAP
bonjour = bjr
bonsoir = bsr
café = Kfé
c'est = C
c'est ça = C Ca
c'était = CT
cher = reuch (en verlan)
cigarette = 6gartt
comment ça va = komencava
demain = 2m1
fille = meuf
frère = frR
garçon = mek
glander = glnD
hier = IR
idée = ID
j'ai = G
je = j
je le savais = j'le saV

je t'aime = jtM
je t'appelle dès que je peux =
j'tapLDkej'pe
j'espère que tu vas bien = jSpR
ktu va bi1
laisse tomber = l'S tomB
lequel = lekL
maison = kaz
mère = mR
nombreux = nombrE
nouveau = nouvo
occupé = OQP
ouvert = ouvR
parents = renps
pour moi = 4me (de l'anglais
for me)
quel = kL
quelqu'un = kelkun
qu'est-ce que c'est ? = keske C
quoi = koi
quoi de neuf ? = koi29
répond s'il te plaît = rstp
rien = ri1
salut ça va ? moi je vais bien =
slt cv ? m jvb
stressé = strC
travail = taf
tu viens demain ? = tu vi1 2m'1
voiture = KS (caisse)

❦ À l'heure où plus de 8 Français sur 10 disposent d'un téléphone portable, un roman a été écrit entièrement en langage SMS par Phil Marso : *Pa Sage a Taba* (Éd. Megacom-Ik, 2005). Avec 1 diko pr tt comprendre ! À quand des romans disponibles sur téléphone portable justement ?

❦ **La draisienne :** l'ancêtre du vélo et de la moto. Inventé par le baron Drais, assis sur une poutre en bois et deux roues, cet engin n'a pas de pédales pour avancer ! Il faudra attendre 1861 et Pierre Michaux, qui élaborera un « axe coudé dans le moyeu de la roue » pour faire « tourner comme une meule » sa drôle de machine. Ainsi est née la pédale. Et pour aller plus vite encore, Daimler et Mayback créeront le premier deux-roues doté d'un moteur en 1885.

❦ **Les pigeons voyageurs reviennent de loin !** Mystérieux animal que ce pigeon, qui toujours revient à bon port. D'après la Bible, Noé lâcha un pigeon qui revint à l'arche avec un rameau d'olivier. Pline l'Ancien parle des pigeonniers qui contenaient 4 000 pigeons chacun. Sous Charlemagne, élever un pigeon est réservé aux nobles. L'animal fait partie de la tactique de guerre, moyen unique de communication. Le droit de colombier est aboli après la Révolution française ; des colombiers de fortune, sur un pic de bois, fleurirent alors aux quatre coins de l'Hexagone. Des concours commencèrent vers 1800. La sélection des bêtes était draconienne. La légende veut même qu'un des membres de la famille Rothschild fit fortune à Londres en son temps en apprenant, avant tout le monde, grâce à un pigeon voyageur, la défaite de Napoléon à Waterloo, ce qui lui permit d'opérer les placements boursiers adéquats. Pendant la Seconde Guerre mondiale, les Allemands décidèrent d'abattre tous les pigeons à l'aide de faucons élevés à cet effet.

✦ **En France, on roule à gauche !** Contrairement au code de la route, les trains en France circulent à gauche (sauf en Alsace-Moselle). Cette pratique date de la première ligne de chemins de fer – Paris-Saint-Germain-en-Laye – construite par un Anglais, d'où cette habitude qui perdure encore aujourd'hui. Les voies sont aussi numérotées pair ou impair. Tous les trains dans le sens province-Paris ont des numéros pairs et Paris-province des numéros impairs.

❧ **Faire de l'auto-stop.** On a coutume de lever le pouce pour faire du stop en France. Attention, au Pays basque – de part et d'autre de la frontière franco-espagnole –, ce geste n'est autre que le signe de la lutte du mouvement séparatiste basque.

❧ **Code morse** (-.-. --- -.. . / -- --- .-. ... . pour les plus doués ou les anciens scouts). Inventé en 1835 par Samuel Morse, le code Morse a anticipé la communication numérique. Il existe deux types d'impulsions : la courte [.] de 1/4 de seconde et la longue [-] de 3/4 de seconde.

Appareil d'émission

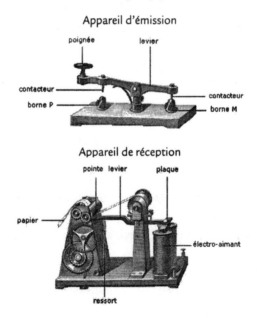

Appareil de réception

A	·—	N	—·
B	—···	O	———
C	—·—·	P	·——·
D	—··	Q	——·—
E	·	R	·—·
F	··—·	S	···
G	——·	T	—
H	····	U	··—
I	··	V	···—
J	·———	W	·——
K	—·—	X	—··—
L	·—··	Y	—·——
M	—·	Z	——··

... et autres signes étranges :

·—·—·— point [.]   —·—·— point d'exclamation [!]

——··—— virgule [,]   —·—·—· point virgule [;]

··——·· point d'interrogation [?]   ·—··· esperluette [&]

·——··— apostrophe [']

Petits exercices d'application

Écrire : Je t'aime. Avez-vous l'heure s'il vous plaît ?
Ornithorynque.

Plus dur : recommencer l'exercice en tapotant avec votre
doigt (droite pour les gauchers, gauche pour les droitiers).
Les meilleurs opérateurs radio comprennent 40 mots par
minute. Bonne chance !

Quelques dates repères

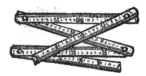

La préhistoire en Europe
Période paléolithique : – 1 800 000 à – 6 500
Période néolithique : – 6 500 à – 2 000
L'âge de bronze : – 2 000 à – 800
L'âge de fer : – 800

L'Antiquité
Les Celtes : – 400
Conquête de la Gaule par les Romains : – 125 à 52
Persécutions des chrétiens en Gaule : à partir de 177
Premières invasions barbares : 253
Fin de l'Empire romain d'Occident : 476

Le Moyen Âge
Les Mérovingiens 481-752
Clovis, roi des Francs : 481-511
Les Carolingiens : 752-987
Charlemagne, roi des Francs : 768-814

Premiers temps féodaux : 987-1090

Hugues Capet, premier roi des Capétiens : 987-996

Première croisade : 1095

Guerre de Cent Ans : 1337-1453

Les trois premiers Valois : 1340-1380

Charles VI : 1380-1422

Jeanne d'Arc : 1412-1431

Charles VII et Louis XI : 1422-1483

Ancien Régime

La Renaissance : 1515-1598

François Ier : 1515-1547

Henri II : 1547-1559

Charles IX : 1560-1574

Massacre des protestants de la Saint-Barthélemy : 1572

Henri III : 1574-1589

Henri IV : 1589-1610

Louis XIII : 1610-1643

Louis XIV : 1643-1715

La Régence : 1715-1723

Louis XV : 1724-1774

Louis XVI : 1774-1789

Révolution et Directoire : 1789-1799

XIXe siècle

Bonaparte est nommé premier consul : 1800,
puis Napoléon Ier, empereur : 1804

Consulat et Empire : 1800-1815

Restauration : 1815-1829

Louis-Philippe : 1830-1848

Deuxième République : 1848-1851

Second Empire : 1852-1870, Napoléon III, empereur

Troisième République : 1870-1940

Jules Ferry, ministre de l'Instruction : 1882

XX⁰ et XXI⁰ siècles

Séparation de l'Église et de l'État : 1905

Première Guerre mondiale : 1914-1918

Front populaire : 1936

Seconde Guerre mondiale : 1939-1945

Débarquement des Alliés en Normandie : 1944

Quatrième République : 1946-1958

Cinquième République : 1958

Charles de Gaulle, président de la République : 1958-1969

Georges Pompidou, président de la République : 1969-1974

Valéry Giscard d'Estaing, président de la République : 1974-1981

François Mitterrand, président de la République : 1981-1995

Jacques Chirac, président de la République : 1995-2007

Nicolas Sarkozy, président de la République : 2007

Bibliographie

Amours et mariages de l'Ancienne France, Martine Segalen et Josselyne Chamarat, Paris, Berger-Levrault, 1981.

Au cœur de la préhistoire, Chasseurs et artistes, Denis Vialou, Paris, Gallimard, « Découvertes », 1996.

Ces gens du Moyen Âge, Robert Fossier, Paris, Fayard, 2007.

Dictionnaire culturel en langue française, Alain Rey (dir.), Paris, Le Robert, 2005.

Dictionnaire de citations, Paris, Le Robert, 2006.

Dictionnaire des gestes, attitudes et mouvements expressifs en usage dans le monde entier, François Caradec, Paris, Fayard, 2005.

Éloge du mariage, Martine Segalen, Paris, Gallimard, « Découvertes », 2003.

Fêtes et croyances populaires en Europe, Yvonne de Sike, Paris, Bordas, 1995.

France préhistorique, ouvrage collectif, Paris, Gallimard, « Guides Gallimard », 2005.

Français, notre histoire, nos passions, Carl Aderhold et Renaud Thomazo (dir.), Paris, Larousse, 2003.

Francoscopie, Gérard Mermet, Paris, Larousse, 2006 et 2007.

Grand-Albert et Petit-Albert, Paris, Albin Michel, 1996.

Guinness World Records, Paris, Hachette Pratique, 2006.

Histoire de la France, des origines à 1348, Georges Duby, Paris, Larousse, 1970.

Histoire de la vie privée, Philippe Ariès et Georges Duby (dir.), Paris, Le Seuil, 1999.

Histoire des choses, Les Habits, Claire d'Harcourt, Paris, Le Seuil, 2001.

Histoire du corps, Alain Corbin, Jean-Jacques Courtine et Georges Vigarello (dir.), Paris, Le Seuil, 2001.

Histoire quotidienne des Français, des origines à nos jours, Jean Favier (dir.), Paris, Larousse, 1989.

L'Abécédaire du bain, Françoise de Bonneville, Paris, Flammarion, 2002.

L'Invention du tourisme, Marc Boyer, Paris, Gallimard, « Découvertes », 1996.

La Civilisation de l'Occident médiéval, Jacques Le Goff, Paris, Arthaud, 1984.

La France et les Français, Michel François (dir.), Paris, Gallimard, « Encyclopédie de la Pléiade », 1972.

La France romaine, Gavin's Clemente-Ruiz, Paris, Éd. de Lodi, 2006.

La Puce à l'oreille, Anthologie des expressions populaires et leur origine, Claude Duneton, Paris, Livre de Poche, 1990.

La Vie des Français au temps de Jeanne d'Arc, Paris, Larousse, 2003.

La Vie des Français au temps de Napoléon, Paris, Larousse, 2003.

Le Bouquin des citations, 10 000 citations de A à Z, Claude Gagnière, Paris, Robert Laffont, 2000.

Le Corps des peuples, Us et coutumes de la propreté et de la séduction, Anne Varichon, Paris, Le Seuil, 2003.

Le Folklore français, Arnold Van Gennep, Paris, Robert Laffont, 1999.

Le Parfum, Catherine Donzel, Paris, Éd. du Chêne, « Les carnets de la mode », 2000.

Le Petit Livre des couleurs, Michel Pastoureau et Dominique Simonnet, Paris, Éd. du Panama, 2005.

Le Propre et le Sale, Georges Vigarello, Paris, Le Seuil, 2002.

Le Sexe et l'Occident, Jean-Louis Flandrin, Paris, Le Seuil, 1986.

Les *Almanachs Vermot.*

Les Astuces de Madame Truc, Paule Vani, Paris, Albin Michel, 1977.

Les Dessous, Marie Simon, Paris, Éd. du Chêne, 1998.

Les Songes et les Présages, G. Dugaston, Paris, Albin Michel, 1996.

Métiers oubliés de Paris, Dictionnaire littéraire et anecdotique, Gilles Laurendon et Laurence Berrouet, Paris, Parigramme, 2005.

Modes & vêtements, Nathalie Bailleux et Bruno Remaury, Paris, Gallimard, « Découvertes », 1995

Noces, Tiziana et Gianni Baldizzione, Paris, Flammarion, 2001.

Tables d'hier, tables d'ailleurs, Jean-Louis Flandrin et Jane Corbi (dir.), Paris, Odile Jacob, 1999.

2 000 ans de vie quotidienne, Sélection du Reader's Digest, 1989.

Sites Internet consultés

http://www.pereaufoyer.com

www.chien-guide.org

www.citadelle.org

www.pourquois.com

www.proverbes-citations.com

http://perso.orange.fr/proverbes/religieu.htm

www.quid.fr

www.ipsos.fr

http://home.citycable.ch/cruci.com/textes/histoire1.htm

www.afif.asso.fr (association française d'information funéraire)

www.memorialspaceflights.com

www.lecravatier.com

www.bmlisieux.com

www.histoire-du-biberon.com

www.delcros.com

www.cidilait.com

www.tns-sofres.com

Je souhaite ici adresser de vifs remerciements
à toutes les personnes qui m'ont accompagné durant ce
joli projet, en priorité Lina Pinto, pour son enthousiasme
et sa disponibilité, Laure Paoli et Véronique Galland, pour
leurs confiance et précieux conseils.

Un grand merci aussi à Joëlle Faure et Philippe Gloaguen,
ainsi qu'à mes parents Martine et José, pour leurs encou-
ragements constants. Merci, oui, merci !

All my jolly good love to Sylvia Danaher. Sans oublier Catherine
Dossin, Annie pour ses « trucs » et son « cahier magique »,
Palmyre et ses souvenirs, Georges Cœuret, Hélène Teillon,
Hélène Ibañez et mes camarades de jeu pour leurs suggestions.
Last but not least, ma femme, Aurélie.

Du même auteur

La France romaine, 2006
Éditions de Lodi

Ouvrage publié sous la direction de Laure Paoli

Réalisation éditoriale : Véronique Galland
Relectures et corrections : Hélène Teillon, Hélène Ibañez
Conception graphique et mise en pages : Stéphanie Le Bihan

Impression Bussière, mars 2008
Reliure : Polina
Editions Albin Michel
22, rue Huyghens, 75014 Paris
www.albin-michel.fr

ISBN : 978-2-226-18087-2
N° d'édition : 25797 – N° d'impression : 08489/1
Dépôt légal : avril 2008
Imprimé en France.